SÉN

La Tranquillité de l'âme

Traduction du latin
par Joseph Baillard

Révision de la traduction,
notes et postface
par Cyril Morana

Couverture de
Olivier Fontvieille

ÉDITIONS MILLE ET UNE NUITS

SÉNÈQUE
n° 429

Texte intégral

Traduction de Joseph Baillard, revue par Cyril Morana,
in Sénèque, *Œuvres complètes*, Hachette, 1861.

Notre adresse Internet : www.1001nuits. com

© Mille et une nuits, département de la Librairie Arthème Fayard,
septembre 2003 pour la présente édition.
ISBN : 978-2-84205-783-1

Sommaire

SÉNÈQUE

La Tranquillité de l'âme

Le traité de La Tranquillité de l'âme, *rédigé très probablement entre 55 et 59 après J.-C., est, semble-t-il, le deuxième volet d'une trilogie (*La Constance du sage, La Tranquillité de l'âme, Le Loisir*) dédiée au jeune Sérénus, l'autre disciple de Sénèque (Gaïus Lucilius, lui, a été immortalisé par les sublimes* Lettres à Lucilius*). Très attaché à son élève, Sénèque rédige pour lui des «dialogues» en vue de former Sérénus, alors aspirant à la carrière politique, à la doctrine stoïcienne. Plus impétueux, d'un naturel moins spontanément philosophe que Lucilius, Sérénus oblige Sénèque à réviser ses prétentions et à adapter sa pédagogie : il ne va pas tant s'agir de convertir Sérénus au stoïcisme et d'en faire un philosophe que, plutôt, de le faire progressivement parvenir à la tranquillité de l'âme, lui faire trouver une paix intérieure, lui qui, troublé, malade de son irrésolution, ne parvient pas à trouver le repos. C'est à une thérapie de l'âme que va donc se livrer le philosophe-médecin, véritable directeur de conscience.*

C. M.

I

Sérénus à Sénèque

1. En m'examinant soigneusement moi-même[1], mon cher Sénèque, j'ai reconnu certains défauts patents, visibles à l'œil nu et que je puis toucher du doigt ; d'autres plus obscurs et cachés profondément ; d'autres enfin, non permanents, mais qui, reparaissant par intervalles, sont à mon gré les plus incommodes, comme ces ennemis vagabonds qui nous assaillent à l'occasion et ne permettent de garder ni l'attitude vigilante de la guerre, ni la sécurité de la paix.

2. Voici toutefois la situation dans laquelle je me surprends en ce moment (car pourquoi taire à son médecin la vérité ?) : sans être franchement délivré de mes angoisses passées, je ne m'en sens plus tout à fait

---

1. On notera que c'est par la même revendication que s'ouvrira la première des *Lettres à Lucilius*, où Sénèque invite Lucilius à revendiquer sa propriété sur lui-même ; il est urgent d'opérer un retour à soi, de reprendre possession de soi-même et de retrouver une liberté toute intérieure.

l'esclave. Mon état, quoique non désespéré, n'en est pas moins déplorable et cruel : je ne suis ni malade ni guéri[1].

3. Ne me dis pas que le commencement de toute vertu est la faiblesse, que le temps lui apporte la consistance et la fermeté[2]. Je n'ignore pas non plus que les avantages que l'on recherche pour briller en société, les dignités par exemple, le renom d'orateur et toutes ces faveurs qui dépendent du jugement d'autrui, grandissent progressivement, par la durée ; même les travaux qui donnent la vraie force, et jusqu'à ces mérites, qui pour plaire ont besoin de fard, attendent que l'âge et la succession des années les aient consacrés de leur empreinte ; mais j'appréhende que l'habitude, qui consolide tout, ne donne en moi au défaut dont je parle des racines plus profondes. Un long commerce

---

1. Ce deuxième alinéa est le premier d'une longue série placée sous le signe de la métaphore médicale. On sera attentif à l'usage récurrent du vocabulaire de la thérapie tout au long de ce traité ; c'est que la philosophie est pour Sénèque, comme pour Épicure, notamment lorsqu'il écrit à Ménécée, une véritable médecine de l'âme, une psychothérapie au sens propre. Le maître est un médecin, le disciple un patient qu'il faut guérir, purifier, ramener à l'équilibre, à la paix et à la tranquillité de l'âme : « Le sage a envers tous les hommes la disposition d'esprit du médecin envers ses malades… » (Sénèque, *La Constance du sage*, XIII, 2).
2. Dans le même esprit, Chrysippe, l'un des pères fondateurs du stoïcisme, évoque, à propos de la vertu, l'eau qui se transforme en glace (*cf. Stoicorum veterum fragmenta*, III, 510).

avec les maux, comme d'ailleurs avec les biens, nous fait aimer les uns ou les autres.

4. Cette faiblesse d'une âme hésitante qui ne se porte résolument ni à la vertu ni au vice, cette infirmité-là est moins facile à peindre d'un seul trait que par détails. Je décrirai les accidents, tu trouveras un nom à la maladie.

5. Je suis un être profondément sobre, je le confesse. Je n'aime ni un fastueux lit de parade, ni ces vêtements qu'on tire d'un précieux coffret, ou que force poids et machines ont tenu sous presse pour leur donner du lustre[1]; ma robe est vulgaire et de tous les jours : je la puis garder et endosser sans tant de précautions.

6. Je n'aime point ces festins où l'on a pour ordonnateurs et pour témoins des bandes d'esclaves, qu'il faut plusieurs jours pour apprêter et une multitude de bras pour servir. Je goûte les mets simples et communs, ni venus de bien loin, ni achetés bien cher, qu'on trouve en tous pays, qui ne pèsent ni à la bourse, ni à l'estomac, qui ne se vomissent pas dès qu'on les a pris[2].

---

1. Pour repasser, les Romains se servaient de presses à manivelles appelées *prela*. C'est d'elles dont Sénèque parle lorsqu'il évoque les « poids et machines ».
2. Selon la pratique romaine célèbre de l'orgie où l'on se faisait vomir, afin de pouvoir ingérer de nouveaux aliments et poursuivre la « fête ».

7. J'aime un serviteur sans beau costume, l'esclave naïf, enfant du pays, la lourde argenterie de mon provincial de père, sans ciselure et sans nom d'artiste, et une table que ne distinguent point les bigarrures de ses veines, qu'on ne cite point par la ville pour avoir appartenu successivement à plusieurs maîtres de bon goût : la mienne est faite pour mon usage et non pour arrêter l'œil charmé des convives ou allumer leur convoitise.

8. Tout livré que je suis à ces goûts modestes, je me laisse éblouir à la vue d'une brillante élite issue d'une école de jeunes esclaves[1], à celle de serviteurs mieux vêtus que ceux de nos processions triomphales, et chamarrés d'or. Il en va de même de ce superbe cortège de valets, cette maison où le sol même que l'on foule est tout pavé de matières précieuses, où les plus riches métaux, prodigués dans les moindres recoins, brillent jusque sur les plafonds et ce peuple de courtisans inséparables des grandes fortunes en train de périr ; que dire de ces eaux transparentes jusqu'au fond de leur canal et qui circulent autour des tables, et ces banquets où tout répond à la splendeur des lieux ?

9. Lorsque ces mille magnificences du luxe me pénètrent de leur pompe étourdissante, moi qui sors tout rouillé de ma longue frugalité, mes yeux se troublent

---

1. Certains riches possédaient, au sein même de leur demeure, des appartements où l'on formait de jeunes esclaves au métier de page. Ce lieu était nommé *pædagogium*.

quelque peu et sont moins à résistants que mon âme. Je m'éloigne alors, sinon moins sage, du moins plus triste, et devant mon chétif mobilier je ne porte plus la tête si haute ; une morsure secrète vient m'atteindre, je me prends à douter : cette vie ne vaudrait-elle pas mieux que la mienne ? Rien de tout cela ne modifie ma façon d'être, mais rien ne me laisse non plus indifférent.

10. J'aspire à suivre les énergiques leçons de nos maîtres et à me jeter dans les affaires publiques[1] ; j'aspire aux honneurs et aux insignes[2], non que la pourpre ou des verges dorées me séduisent, mais pour mes amis et mes proches, pour mes concitoyens, enfin pour tous les hommes que je dois mieux servir en vivant plus près d'eux. Je me rapproche ainsi avec

1. Le philosophe doit s'investir en politique pour les stoïciens (c'est là l'une des différences entre épicuriens et stoïciens ; les disciples d'Épicure prônent l'apolitisme) ; Marc-Aurèle en fait d'ailleurs une parfaite illustration, tout comme Sénèque en tant que conseiller de Néron. Toutefois, l'exhortation à se mêler de la vie publique est à nuancer ; dans les *Lettres à Lucilius*, Sénèque sera très clair : « Nous n'assignons pas aux adeptes (du stoïcisme) un rôle dans toute espèce de république, ni en toute occurrence, ni sans interruption. D'autre part, quand nous avons donné au sage une république digne de lui, c'est-à-dire l'univers, il ne demeure pas isolé de la vie publique, même s'il s'en est retiré. » (LXVIII, 2.) Seule la Cité qui l'autorise, mais aussi qui s'en rend digne, aura les faveurs du sage.
2. L'auteur fait ici référence aux « faisceaux », insignes de l'*imperium*, formés de baguettes ou de verges, portés par les licteurs (des appariteurs, parfois des bourreaux) devant les magistrats (les consuls et les préteurs).

détermination de Zénon, de Cléanthe, de Chrysippe, dont aucun pourtant ne prit part à la politique, mais qui tous me conseillent d'y entrer.

11. Mais au premier choc qu'essuie mon âme novice à de telles secousses, si je me heurte à l'une de ces indignités trop fréquentes dans la vie humaine, ou à quelque obstacle qui empêche mon action, s'il me faut donner un temps considérable à des futilités, je reprends goût au loisir et, pareil au coursier qui, malgré la fatigue, double le pas à l'approche du logis, je brûle d'abandonner la politique et de retourner chez moi.

12. Je m'enferme alors entre mes quatre murs et décide que pas un jour ne me sera enlevé, et ce par qui que ce soit ; que me donnerait-on qui m'indemnisât d'une perte si considérable ?[1] Mon âme ne se

---

1. *Cf.* Sénèque, *Lettres à Lucilius*, I, 1-3 : « Jusqu'à présent, on te ravissait, on te dérobait ton temps, il t'échappait. Apprends donc à le recueillir et à le ménager. Persuade-toi de cette vérité : des heures nous sont volées par force, parfois par surprise ; nous en laissons d'autres s'écouler. Cependant, la perte la plus honteuse est celle causée par notre négligence : réfléchis bien et tu verras que la majeure partie de l'existence se passe à mal faire, une grande part à ne rien faire et la totalité à faire tout autre chose que ce qu'il faudrait. Quel est l'homme qui connaît le prix du temps, qui sait estimer la valeur d'une journée et comprendre qu'il meurt un peu chaque jour ? (...) Agis donc, mon cher Lucilius, comme tu me l'écris : saisis-toi de tous tes instants. En étant maître du présent, tu dépendras moins de l'avenir. À force de remettre à plus tard, la vie passe. »

dévouera qu'à elle-même, ne se consacrera qu'à elle seule, ne fera rien qui la divertisse d'elle, rien en vue de l'opinion : chérissons une vie tranquille, étrangère aux soucis politiques et privés.

13. Mais… qu'une lecture stimulante m'élève le cœur et que d'illustres exemples viennent à m'aiguillonner, me voilà prêt à voler au Forum, à prêter ma voix à tel accusé, à tel autre mon appui, peut-être inefficace, mais dévoué, et à humilier devant tous l'orgueilleux, gonflé de ses iniques succès…

14. En littérature, je crois qu'en vérité le mieux est d'envisager les idées en elles-mêmes et d'y conformer son discours ; que, du reste, les mots se subordonnent aux choses, et qu'importe où celles-ci nous mènent, l'expression doit suivre sans trop se tourmenter. Qu'est-il besoin de composer pour l'éternité ? Tu veux faire en sorte que la postérité ne taise pas ton nom ? N'es-tu pas né pour mourir ? N'est-il pas plus commode d'entrer dans la tombe en silence ? Ainsi, pour occuper ton temps, pour ton utilité propre, non pour te faire préconiser, rédige quelques pages d'un style simple[1] : il en coûte moins d'efforts à n'étudier que pour sa provision d'un jour.

---

1. S'écrire à soi-même, c'est précisément ce que fera Marc-Aurèle, autre stoïcien célèbre, qui tiendra un journal auquel il confiera le résultat de ses méditations et que nous connaissons aujourd'hui sous le titre de *Écrits pour moi-même*.

15. En revanche, si quelques grandes pensées exaltent mon âme, elle se répand en termes nobles, elle cherche des inspirations plus hautes et des expressions qui y répondent, et mon discours s'élève à la dignité de ma pensée ; oubliant alors mes principes d'un goût simple, je plane au-dessus de la terre et parle un langage qui n'est plus le mien.

16. Enfin, et pour couper court aux détails, je possède en toutes choses cette faiblesse[1] qui est un frein à mes bonnes intentions : j'ai peur d'y céder à la longue ou, ce qui est plus inquiétant, de rester toujours comme en suspens sur un abîme plus profond peut-être que je ne crois le voir. Car on envisage avec complaisance ses défauts personnels, et l'amour-propre altère nos jugements.

17. Beaucoup d'hommes, je crois, seraient arrivés à la sagesse, s'ils n'eussent imaginé l'avoir atteinte, s'ils ne se fussent dissimulé en partie leurs imperfections ou n'eussent passé sur celles qui frappaient le plus leurs yeux. Car ne crois pas que les flatteries d'autrui nous soient plus mortelles que les nôtres. Qui ose se dire la vérité ? Qui, au milieu d'un troupeau de flatteurs et d'adulateurs, n'a pas enchéri à part soi sur tous leurs éloges ?

---

1. Autrement dit, cette incapacité à s'en tenir à ses principes de départ, à ses résolutions.

18. Je t'en prie donc, si tu as quelque moyen de guérir cette irrésolution, juge-moi digne de l'apprendre : que je te doive ma tranquillité. Ces mouvements de mon âme ne sont pas très dangereux, n'amènent aucune révolte, je le sais, et pour décrire par une similitude exacte le sujet de mes plaintes, ce n'est point la tempête, c'est le mal de mer qui me tourmente. Sauve-moi donc de ce malaise, quel qu'il soit ; secours un homme qui, en vue de la terre, s'épuise pour y aborder.

II

Réponse de Sénèque

1. Cher Sérénus, depuis longtemps, par Hercule !, je cherche en moi-même à quelle situation je puis comparer la tienne, et je ne trouve rien qui en approche plus que l'exemple d'un homme qui relève d'une longue et sérieuse maladie : quelques frissons, de légers malaises l'effleurent par intervalles et, même guéri, sur la foi de ces derniers symptômes, il forme toujours d'inquiètes conjectures ; alors, il présente son pouls au médecin, il interprète en mal la moindre fièvre qu'il éprouve. Ce n'est pas, Sérénus, que la santé lui manque, mais il n'y est plus accoutumé ; ainsi frémit encore une mer redevenue tranquille ou un lac qui se repose de la tempête.

2. Il n'est donc pas besoin ici de ces remèdes violents par lesquels déjà nous avons passé : il ne s'agit plus de lutter contre toi-même, de te faire violence ou de te harceler ; il te faut (ces soins viennent en dernier) avoir foi en toi et te croire engagé dans la bonne voie, sans te laisser distraire par les traces multiples de ceux qui la traversent pour se perdre dans mille autre sens, ou de quelques égarés qui la côtoient d'un peu plus près.

3. Mais le but auquel tu aspires est une chose grande, sublime, et qui rapproche de Dieu, l'impassibilité. Cette stabilité de l'âme, appelée par les Grecs *euthumia*[1], et qui fut pour Démocrite le sujet d'un bel ouvrage, je l'appellerai « tranquillité » ; car il n'est pas nécessaire d'imiter et de calquer jusqu'aux formes des expressions : les choses dont nous parlons veulent être désignées par un terme qui ait la force du mot grec, non sa physionomie[2].

4. Nous cherchons donc où réside cette constante égalité, cette allure uniforme d'une âme en paix avec

---

1. *Euthumia*, en grec, qui donne « euthymie » en français, concept proche de ce que les Grecs nommaient également *ataraxia*.
2. *Tranquillitate* en latin est une traduction non littérale, mais conceptuelle de l'*euthumia* des Grecs, notamment dans son acception démocritéenne. Ce thème de l'*euthumia* que Démocrite inaugure sera repris par Panétius, l'un des premiers stoïciens à infléchir quelque peu l'orthodoxie des « pères » de la philosophie du Portique (Zénon, Chrysippe et Cléanthe). À la rigueur du premier stoïcisme, Panétius puis Sénèque opposeront une ouverture sur la réalité de la vie sociale et auront le souci de la prudence, de la mesure et d'un équilibre intérieur au regard d'une extériorité dont on ne peut pas totalement faire fi.

elle-même, heureuse et charmée de ses seuls trésors, dont le contentement ininterrompu porte sur une base immuable, une âme enfin que rien ne peut déprimer ni exalter : voilà la vraie tranquillité. Les moyens généraux d'y parvenir seront l'objet de mes recherches ; et de ce remède universel tu prendras telle dose qui te conviendra.

5. Commençons par mettre au jour tous les caractères de la maladie où chacun reconnaîtra ses propres symptômes ; et pour ton compte tu comprendras que dans ce mécontentement de toi-même tu as bien moins à faire que ceux qui, enchaînés à quelque emploi brillant et accablés du poids d'un grand titre, s'obstinent dans leur rôle par honneur mal placé plutôt que par volonté.

6. Rangeons tout à la fois dans la même classe et ces hommes qui, tristes jouets de leur inconstance, de leurs dégoûts, de leurs éternels changements de projets, n'aiment jamais rien tant que ce qu'ils ont quitté, et ceux qui croupissent dans le marasme de l'inertie. Ajoutes-y ceux qui, comme travaillés d'insomnie, s'agitent dans tous les sens, essayent toutes les postures et ne doivent enfin le repos qu'à l'épuisement, renouvelant sans cesse les formes de leur existence pour s'arrêter où les a surpris, non point la haine du changement, mais la vieillesse, trop paresseuse pour innover ; ajoute aussi ceux qui, peu changeants dans leurs plans de vie, persistent moins par constance que par apathie. Ils vivent, non comme ils veulent, mais comme ils en ont pris l'habitude.

7. Il est mille autres variétés de ce mal, mais il est uniforme en ses résultats : le mécontentement de soi. Cette conséquence a pour cause une âme privée d'équilibre, passionnée, mais timide ou malheureuse dans son ambition, soit qu'on n'ose pas tout ce qu'on désire, soit qu'on n'y parvienne point, et, élancé de plein vol vers ses espérances, on flotte forcément sans appuis ni bases, suspendu dans l'espace qui nous sépare de l'objet de nos vœux. La vie n'est plus qu'incertitude, qu'apprentissage et pratique obligée d'artifices dégradants, pénibles ; et quand le succès manque à l'œuvre, on souffre de s'être déshonoré en pure perte, on gémit non d'avoir voulu le mal, mais de l'avoir voulu en vain.

8. Alors viennent nous saisir et le regret de nos entreprises et la peur d'en commencer d'autres ; alors grondent ces orages d'une âme qui ne trouve plus à s'épancher au-dehors ; car elle ne peut ni commander ni obéir à ses passions ; l'existence s'arrête sur elle-même faute d'essor suffisant, et au milieu de ses vœux déconcertés une morne langueur la flétrit.

9. Tous ces tourments s'aggravent encore quand le dépit d'un malheur si chèrement acheté jette l'homme dans le loisir et vers les études solitaires auxquelles ne peut se plier un esprit tendu aux affaires, avide d'action, et inquiet par nature, pauvre qu'il est de ressources personnelles consolantes. Aussi, sevré des distractions que la multiplicité même des occupations procure, cet asile, cette solitude, ces murailles lui pèsent ; il frémit de se voir livré à lui seul.

10. De là naît cet ennui, ce mécontentement de soi, cette agitation de pensée qui n'a pas où se reposer, cette chagrine et maladive résignation au loisir, d'autant plus vive qu'on rougit d'en avouer les motifs, que l'amour-propre concentre profondément ses tortures, que les passions à la gêne et captives, faute d'issue, se dévorent entre elles[1]. De là ces abattements

---

1. Le loisir, *otium* en latin, est synonyme, selon les stoïciens, de disponibilité et d'attention de l'âme à elle-même. Il symbolise le calme et la tranquillité intérieure. Toutefois, il peut se révéler dangereux dans la mesure où l'on s'y résigne malgré nous (on a, à cet égard, maladroitement trop souvent qualifié le stoïcisme de philosophie de la résignation) : le choix de la retraite n'en est alors pas un, l'ambition, le goût pour les affaires publiques n'ont pas disparu de l'âme. L'ambition déçue est réprimée mais n'en continue pas moins de travailler une âme alors en proie à la tourmente. C'est dans cet esprit que Sénèque écrira : «J'en dis autant de la sensualité, qui parfois semble nous avoir désertés, puis qui revient tenter notre âme déjà fière de sa frugalité et, du sein même de nos abstinences, redemande des plaisirs qu'on avait quittés mais non proscrits à jamais : ces retours sont d'autant plus vifs qu'il sont plus inconscients. Car le désordre qui s'avoue est toujours plus léger, comme la maladie tend à sa guérison quand elle fait irruption de l'intérieur et porte au-dehors son venin. Par conséquent, la cupidité et l'ambition, et toutes les maladies de l'âme ne sont jamais plus dangereuses, sache-le bien, que lorsqu'elles se font passer pour un semblant de santé. On se croit de retour au calme, mais on en est loin ! Si, au contraire, nous sommes de bonne foi, si la retraite est bien sonnée, si nous

du corps et de l'esprit, ce chaos d'irrésolutions sans fin, ces premiers pas qui laissent en suspens, ces échecs qui désespèrent, cette disposition à maudire notre inutilité, à nous plaindre de n'avoir rien à faire ; de là cette jalousie haineuse des succès d'autrui. Car l'aliment de l'envie, c'est l'inertie après l'insuccès : on souhaite la ruine de tous parce qu'on n'a pas pu s'élever ;

11. et l'aversion que lui inspire l'avancement des autres, jointe au dépit de ses mésaventures, aigrit l'homme contre la Fortune[1], il querelle son époque, il se réfugie dans l'ombre où il couve son propre supplice, seul avec ses dégoûts et sa confusion. En effet l'âme humaine, née pour agir, amoureuse du mouvement, embrasse avec joie tout ce qui la réveille et l'entraîne hors d'elle ; mais surtout, plus l'âme est dépravée, plus l'activité la réjouit, même en la consu-

---

dédaignons les vaines apparences dont je te parlais tout à l'heure, rien ne pourra nous distraire ; ni les voix d'une foule d'hommes, ni le gazouillis des oiseaux ne rompront la chaîne de nos bonnes pensées désormais fermes et arrêtées. Il a l'esprit léger et encore incapable de se recueillir, l'homme que le moindre cri, que tout imprévu fait sursauter. Il porte en lui un fonds d'inquiétude, un levain d'appréhension qui le rendent prompt à l'alarme. » (*Lettres à Lucilius*, LVI, 9-11.)

1. Le destin est, pour les stoïciens, ce qui fait naître et mourir toute chose ici-bas, la cause première et dernière qui ordonne le tout (*cf.* notamment, Cicéron, *De la divination*, I, 125-126, ou *Stoicorum veterum fragmenta*, II, 913 et 972). La Fortune désigne tout ce qui peut advenir entre la naissance et la mort, tout ce qui relève de l'incertain et dont le sage doit se rendre indépendant par le biais de la pratique philosophique.

mant. Certains ulcères recherchent le nuisible frotte-ment de la main, et ce contact leur est doux ; l'homme atteint de la gale trouve un plaisir bien vif dans tout ce qui envenime son mal hideux : ainsi l'âme sur laquelle les ulcères des mauvais désirs ont fait irruption se délecte dans la tourmente et le tracas des affaires.

12. Il y a aussi certains plaisirs du corps qui ne sont pas exempts d'une sorte de souffrance, comme de se retourner dans un lit et changer de côté pour préve-nir la fatigue, ou prendre une position nouvelle pour trouver la fraîcheur. Tel est l'Achille d'Homère, cou-ché tantôt sur le dos, tantôt sur la face, et qui essaye successivement toutes les postures[1]. C'est là le propre d'un malade : ne pouvoir supporter longtemps le même état et demander son remède au changement.

13. Voilà pourquoi l'on entreprend des voyages sans but, on côtoie tous les rivages, on promène sur la terre et sur l'onde une inconstance toujours ennemie de l'état présent. « Allons donc en Campanie ! » Mais déjà ce séjour de délices nous lasse : il nous faut une contrée sauvage. « Parcourons le Bruttium et les forêts Lucaniennes ! »[2] Oui, mais, on va vite chercher parmi

---

1. Après la mort de Patrocle, Achille est incapable de s'endormir et se retourne sans cesse dans son lit. (*Cf.* Homère, *Iliade*, XXIV, 10-11.)

2. Paul Veyne écrit à ce sujet : « Sur la mer Tyrrhénienne, la côte rocheuse et boisée de la Lucanie commençait au sud de Pæstum et se continuait par la côte du Bruttium, qui est notre Calabre. Ce cabotage, de villa en villa, est un trait des mœurs du temps.

ces déserts de quoi récréer un peu nos yeux délicats de l'horreur monotone d'une nature repoussante. «C'est Tarente qu'il nous faut : volons-y, voyons son port fameux, ses hivers tempérés, ses opulentes demeures dignes encore de leurs anciens maîtres ! »[1] ; et bientôt : «Vite, retournons à Rome ! Depuis trop longtemps mes oreilles sont privées des applaudissements, du fracas du cirque ; courons rassasier nos yeux de sang humain ! »[2]

14. Les voyages se succèdent, les spectacles remplacent les spectacles, et comme dit Lucrèce :

«Ainsi l'homme toujours se fuit lui-même... »[3]

La Campanie est la région de Naples et d'un port à la mode, Baïes. » (Sénèque, *Entretiens/Lettres à Lucilius*, Laffont, Bouquins, 1993, p. 349.) Le changement perpétuel de lieu de villégiature dont il est question ici, l'incapacité à se fixer, est pour Sénèque l'un des symptômes de la mélancolie : «Tu crois qu'il n'est arrivé qu'à toi, et tu t'étonnes comme d'une chose étrange, d'avoir fait un si long voyage et tant varié les itinéraires sans dissiper la lourde tristesse de ton cœur ? C'est d'âme qu'il te faut changer, non de climat. Tu as beau franchir la vaste mer [...], tu seras, où que tu abordes, suivi de tes vices. » (*Lettres à Lucilius*, XXVIII, 1.)

1. Les villes de Grande Grèce, dont Tarente, étaient autrefois fort opulentes et attiraient une population considérable. Lorsque Sénèque écrit, elles sont délaissées, abandonnées par leur population.

2. Sur ce désir particulier, on lira avec profit la septième des *Lettres à Lucilius* de Sénèque.

3. Lucrèce, *De la nature des choses*, III, 166 (la citation est légèrement inexacte, mais fidèle dans l'esprit).

Mais que sert de fuir, s'il n'échappe pas à lui-même? Il est à lui-même son éternel, son insupportable compagnon.

15. Sachons-le donc bien : nos ennuis ne sont pas la faute des lieux, mais la nôtre. L'homme n'a de force pour rien supporter, il ne souffre ni le travail, ni les plaisirs, ni lui-même, ni quoi que ce soit un peu longtemps. Quelques-uns furent poussés au suicide, parce qu'à force de varier leurs projets d'existence ils retombaient dans le même cercle et ne s'étaient plus laissé le moyen de changer encore. Ils ont pris en dégoût la vie et la scène du monde ; de là le cri désespéré des hommes minés par une vie de jouissances : «Verrai-je donc toujours la même chose?»[1]

III

1. Contre cette sorte d'ennui, tu me demandes le remède à employer? Le meilleur serait, comme dit

---

1. Sénèque stigmatisera également les oisifs et les inconstants dans un passage éloquent de la troisième des *Lettres à Lucilius* : «De même, il faut blâmer pareillement ces inquiets toujours actifs et ces oisifs complaisants. L'amour du tracas n'est pas l'activité vraie, c'est une fièvre, un vagabondage d'esprit ; comme le repos n'est point cet état dans lequel le moindre effort est jugé supplice : il y a là faiblesse nerveuse et marasme [...]. Il y a des gens qui se sont tellement réfugiés dans les ténèbres que tout leur paraît trouble au grand jour. Il faut combiner les deux choses : l'homme oisif doit aussi agir, et l'homme d'action se reposer. Consulte la Nature, elle te dira qu'elle a créé le jour et la nuit.» (III, 5/6.)

Athénodore[1], de se vouer aux affaires, aux emplois publics, aux devoirs de la vie sociale. Si certains hommes passent tout le jour au soleil, dans les exercices et les soins du corps, si pour l'athlète il est essentiel de fortifier ses membres et de consacrer la majeure partie de son temps à entretenir cette force dont il fait son unique profession, pour nous qui nous destinons aux luttes politiques, le travail de la pensée n'est-il pas une tâche bien plus belle encore ?[2] Car en se proposant de servir ses concitoyens et tous les hommes, on s'exerce et l'on progresse à la fois dans cette succession des devoirs publics et privés que l'on embrasse selon ses forces.

2. « Mais, ajoute-t-il, comme au milieu de cette frénétique ambition des hommes et de ces calomnies sans nombre qui donnent un mauvais tour aux actions les plus droites, la franchise est peu sûre et que toujours les obstacles seraient plus nombreux que les facilités, il faut s'éloigner du Forum et des fonctions publiques. Toutefois, même en privé, une grande âme trouve les moyens de s'épanouir pleinement. Il n'en est pas d'elle comme du lion et de ces animaux dont la loge arrête les élans, c'est dans l'ombre qu'elle agit le mieux.

---

1. Très probablement le stoïcien Athénodore de Tarse, disciple de Posidonius, lecteur de Panétius, qui fut le maître bien-aimé d'Auguste.
2. La comparaison entre le politique et l'athlète se trouve déjà chez Panétius. (*Cf.* Aulu-Gelle, *Nuits attiques*, XIII, 28.)

3. En quelque lieu toutefois qu'elle se cache et dérobe le mystère de sa retraite, que son vœu soit de servir l'État comme les individus par ses talents, sa voix ou ses conseils. Car celui-là n'est pas seul utile à la république qui produit des candidats, défend des accusés, opine sur la paix et la guerre; exhorter au bien la jeunesse, dans une si extrême disette de sages précepteurs, former les âmes à la vertu, et quand elles se ruent vers les richesses et la volupté, les saisir, les ramener et, si l'on ne peut mieux faire, ralentir au moins leur course, voilà au sein de la vie privée faire œuvre de bien public.

4. Est-ce que celui qui juge entre les citoyens et les étrangers ou le préteur urbain, qui prononce aux plaideurs l'arrêt dont un assesseur lui dicte la formule[1] font plus que l'homme qui enseigne ce que c'est que justice, piété, patience, courage, mépris de la mort, connaissance des dieux, quel trésor est une conscience en paix et qu'on ne la doit qu'à soi-même?[2]

5. Oui, si tu donnes ton temps à de telles études, en le dérobant aux fonctions publiques, tu n'as point déserté ni abdiqué ton ministère. Ce qu'on nomme la vie militaire, ce n'est pas seulement faire face à

---

1. La formule dit ce que la loi impose.
2. Le philosophe joue donc un rôle pratique dans la Cité. Il indique par ses discours et son enseignement quels sont les fondements de la morale. Il faut former d'honnêtes hommes, afin qu'ils puissent participer dignement aux affaires de la Cité.

l'ennemi et se battre à la gauche ou à la droite. Ils sont soldats aussi ceux qui gardent les portes des places, dans un poste moins périlleux, mais qui n'exclut pas l'action, sentinelles vigilantes ou chefs des arsenaux : si leur sang ne coule pas avec leurs sueurs, on ne les leur compte pas moins comme services.

6. Réfugie-toi dans l'étude, tu échapperas à tout dégoût de l'existence : l'ennui du jour ne te fera pas soupirer après la nuit, tu ne seras point une charge pour toi-même et inutile aux autres, tu t'attireras de nombreux amis, et les plus honnêtes citoyens afflueront vers toi. Jamais en effet, si obscure qu'elle soit, la vertu ne reste cachée ; elle exhale au loin ses parfums et quiconque est digne de l'approcher la devine à la trace.

7. De fait, si nous rompons tout commerce avec nos semblables, si nous répudions le genre humain pour vivre concentrés en nous seuls, l'effet de cette solitude, désaffectionnée de tout, sera le désœuvrement. Nous nous mettrons à bâtir ici, à démolir là, à repousser la mer par nos constructions[1], à faire venir de l'eau en dépit des lieux, à gaspiller ce temps que la nature nous donne pour un meilleur usage.

8. Tel en est trop avare, tel autre, prodigue ; ceux-ci le dépensent de manière à s'en rendre compte ; ceux-

---

1. La mode était alors de construire des maisons sur des terrains asséchés.

là ne s'en réservent rien. Et quoi de plus pitoyable qu'un vieillard qui n'a, pour témoigner qu'il a long-temps vécu, que le nombre de ses années ! »

IV

1. Pour moi, cher Sérénus, Athénodore me semble trop plier sous les circonstances, trop se hâter de faire retraite. Je ne nie point qu'il ne faille parfois reculer, mais insensiblement, pas à pas, en sauvant ses aigles, en sauvant l'honneur militaire. L'ennemi respecte et ménage mieux ceux qui parlementent sous les armes.
2. Ainsi doit faire, selon moi, le sage ou l'homme qui aspire à l'être. Si la Fortune prévaut et lui retranche les moyens d'agir, qu'il n'aille pas tourner le dos, et fuir sans armes, cherchant à se cacher, comme s'il était un lieu au monde où le sort ne pût nous poursuivre ; qu'il mette seulement plus de réserve à s'engager dans un État et plus d'attention à bien choisir celui où il pourra servir la patrie.
3. On lui interdit la carrière des armes ? qu'il aspire aux honneurs civils. On le réduit à la vie privée ? qu'il soit orateur. On le condamne à se taire ? qu'il prête à ses concitoyens sa muette assistance[1]. L'accès même

---

1. Pour ce faire, il suffisait juste d'être présent lors d'une comparu-tion au tribunal : la seule présence suffisait au soutien. Pour un témoignage antique, par exemple : Pseudo-Asconius, *In Divinatorem*, IV, 11.

du barreau lui serait-il périlleux? Il peut chez les particuliers, dans les spectacles, dans les repas, agir en homme de bon commerce, en ami fidèle, en convive tempérant. Dépouillé des fonctions de citoyen, qu'il remplisse ses devoirs d'homme.

4. Aussi est-ce une des grandes vues du stoïcisme de ne point nous emprisonner dans l'enceinte d'une seule ville, de nous mettre en rapport avec le monde entier[1]; et si nous adoptons pour patrie l'univers, ce n'est qu'afin d'ouvrir le champ plus vaste à la vertu. On te ferme le barreau, on te repousse de la tribune, des comices? Regarde derrière toi[2] quelle immense étendue de régions se déploie, quelle multitude de peuples! Jamais une assez grande partie de la terre ne te sera interdite, qu'il ne t'en reste une plus grande encore.

---

1. « Tous les lieux de la terre sont la patrie du sage », écrit Sénèque dans la *Consolation à Helvia, ma mère* (IX, 7). Les stoïciens se reconnaissaient dans cette idée, attribuée à Socrate, selon laquelle nous sommes tous « citoyens du monde », idée connue sous le nom de cosmopolitisme (*cf.*, par exemple, Épictète, *Entretiens*, I, 9, 1, ou encore Cicéron, *Tusculanes*, V, 108). Le concept de patrie semble étranger au stoïcien pour qui il n'est pas un lieu où l'homme ne se sente chez lui. Le monde est une cité universelle, dont les différentes terres ne sont que des attributs, formant un tout auquel chaque individu participe. Être citoyen d'une république, c'est ainsi être citoyen de la république universelle. Cette idée va de pair avec celle de fraternité universelle, dont les stoïciens font un élément de doctrine et d'enseignement.

2. Les exemples du passé sont toujours de bons exemples pour Sénèque.

5. Prends garde seulement que tous les torts ne viennent de toi seul ; tu ne veux peut-être servir la patrie qu'à titre de consul, ou de prytane, ou de céryx ou de suffète[1] ? Ne voudrais-tu donc aussi faire campagne que comme général ou tribun ? Si les autres sont aux premiers rangs, si le sort t'a rejeté parmi les triaires[2], combats de la voix et de l'exemple, par tes exhortations et ton courage. Eût-il les mains coupées, le brave trouve encore à seconder les siens, rien qu'à garder son rang et à les aimer de ses cris.

6. Voilà ton rôle : que la Fortune t'éloigne des premiers postes de l'État, reste debout et assiste-nous de ta voix ; si l'on étouffe ton cri dans ta gorge, reste debout encore, assiste-nous de ton silence. Rien de ce que fait un bon citoyen n'est perdu : sa façon d'écouter, ses regards, son visage, son geste, son opposition muette, sa démarche même sont utiles.

7. Comme ces remèdes salutaires qu'il n'est besoin ni de goûter ni même de toucher, dont le parfum est efficace, la vertu répand de loin et sans qu'on la voie son heureuse influence. Soit que la vertu ait libre carrière et jouisse de ses droits, soit qu'elle n'ait qu'un accès précaire et replie forcément sa voile ; inactive, silencieuse et circonscrite, ou brillant au grand jour,

---

1. Ces titres sont ceux des plus hauts magistrats, respectivement à Rome (Consul), à Rhodes (Prytane), à Carthage (Suffète). La ville correspondant au céryx n'a pas été identifiée.
2. Ceux qui sont en troisième ligne au combat.

en quelque état qu'elle soit elle sert l'humanité. Crois-tu donc qu'un sage repos soit d'un exemple si peu utile ?

8. Concluons que le parti le meilleur est de mêler le loisir aux affaires, lorsque des empêchements fortuits ou la situation politique font obstacle à la vie active. Car toutes les barrières ne sont jamais si bien fermées qu'un acte honorable ne puisse se faire jour.

V

1. Qu'on trouve une ville plus malheureuse qu'Athènes à l'époque où trente tyrans la déchiraient[1]. Treize cents des meilleurs citoyens avaient été immolés par eux ; et leur cruauté, loin de s'assouvir, s'irritait par ses excès mêmes. Cette ville où siégeait l'Aréopage, ce tribunal si vénéré, qui possédait un sénat auguste et un peuple digne de son sénat, voyait chaque jour ses bourreaux tenir leur sinistre conseil ; et la curie profane était trop étroite pour tous ces tyrans[2]. Quel repos pouvait-il y avoir pour une cité qui comptait autant de tyrans que de gardes du corps ? Nul espoir d'affranchissement ne pouvait même s'offrir aux âmes ; on

---

1. La tyrannie des Trente, des aristocrates soutenus par Sparte, n'a duré qu'une année, et fut célèbre pour l'effroi et la terreur qu'elle a fait régner dans la Cité.
2. Les Trente avaient assemblé un Sénat uniquement constitué de leurs partisans.

n'entrevoyait nul remède contre tant de fléaux déchaînés. Où eût-elle trouvé, la malheureuse ville, assez d'Harmodios[1]?

2. Socrate cependant était au milieu de ce peuple, de ces sénateurs qui pleuraient et qu'il consolait; qui désespéraient de la république et qu'il rassurait; au milieu de ces riches qu'effrayait leur opulence et auxquels il reprochait le tardif repentir d'une fatale avarice; et il offrait à qui voulait l'imiter le grand exemple d'un citoyen qui marche libre en face de trente tyrans.

3. Voilà celui que cette même Athènes fit mourir en prison : il avait impunément bravé une légion de tyrans, et la cité libre ne put souffrir la liberté d'un homme[2]. Sachons par là que même dans une patrie esclave l'occasion de payer de sa personne ne manque pas au sage, et que dans une ville florissante et prospère la cupidité, l'envie et mille autres vices, sans gardes armés, n'y sont pas moins rois.

4. Ainsi, selon que le permettent les circonstances politiques ou notre Fortune personnelle[3], il faut

1. Avec son camarade Aristogiton, ils assassinèrent le tyran Hipparque en 514.
2. Rappelons que la mort de Socrate est postérieure au rétablissement de la démocratie à Athènes, démocratie qui n'avait pas pu supporter la liberté de ton et de pensée du philosophe.
3. La hiérarchie sociale ne permettait pas à tous de participer à la vie politique. Sénèque, dans son traité de *L'Oisiveté*, écrivait à ce sujet : «Au bout du compte, je me demande si Cléanthe, Chrysippe, Zénon ont vécu selon leurs maximes. On me répondra sans aucun doute que ces grands hommes ont vécu comme ils avaient dit que

étendre ou resserrer notre sphère d'action, mais agir en toute circonstance sans que la crainte nous retienne engourdis. Et l'homme de cœur est celui qui de toutes parts en butte à d'imminents périls, quand le bruit des armes et des chaînes résonne autour de lui, ne brise point son courage aux écueils, comme aussi ne s'y dérobe pas : s'enterrer n'est point se sauver.

5. « J'aime mieux cesser d'être, disait, je crois, Curius Dentatus[1], que d'être mort dès cette vie. » Quoi de pire en effet que de se voir effacé du nombre des vivants avant l'heure du trépas ? Créons-nous un tout autre sort : si nous tombons sur une époque où la chose publique soit trop peu maniable, sacrifions davantage au loisir et aux lettres ; comme dans une traversée périlleuse, prenons terre plus souvent ; et sans attendre que les affaires nous quittent, prenons congé d'elles les premiers.

---

l'on doit vivre. Or nul d'entre eux n'administra les affaires publiques. Ils n'avaient pas dira-t-on la situation ou le rang qu'exige, en règle générale, le maniement des affaires politiques […]. Aussi donnent-ils l'impression d'avoir été des gens très actifs, sans avoir à aucun moment fait acte de citoyens » (*L'Oisiveté*, VI, 5). De plus, on le sait notamment du fait du sort réservé à Socrate par Athènes, toute Cité ne permet pas au philosophe le libre exposé de ses vues et la publicité de celles-ci.

1. Cet idéal de vertu, selon les romains, avait vaincu Pyrrhus.

VI

1. Il faut considérer d'abord ce que nous sommes, puis ce que nous voulons entreprendre, enfin les hommes pour lesquels et avec lesquels nous devons agir.

2. S'évaluer soi-même, ai-je dit, avant tout ; car presque toujours l'amour-propre nous exagère nos forces[1]. L'un échoue pour avoir trop compté sur son éloquence ; l'autre impose à ses biens plus de charges qu'ils n'en peuvent porter ; l'autre accable son corps débile de fonctions trop laborieuses.

3. Ceux-ci ont une modestie peu propre aux débats politiques, qui veulent être abordés avec assurance, ceux-là une fierté mal venue à la cour. Quelques-uns ne sont pas maîtres d'une susceptibilité prompte à s'indigner, à s'échapper en discours imprudents. Il en est qui ne peuvent réprimer leur humeur railleuse, ni retenir un bon mot qui peut les perdre. À tous ces gens-là, le repos vaut mieux que les affaires : tout caractère indomptable et farouche doit fuir ce qui peut irriter sa dangereuse indépendance.

4. Il faut examiner si tes dispositions naturelles te portent davantage vers l'action ou vers la contempla-

---

1. Le sage se reconnaîtra à sa modestie, conséquence de la pratique quotidienne de l'autoexamen.

tion, la réflexion philosophique. Tu devras te laisser porter vers ce à quoi ton talent te destine. Isocrate extirpa Ephore[1] du Forum, car il était convaincu qu'il était plus doué, donc plus utile, pour le métier d'historien. Un talent que l'on force ne donne jamais le résultat escompté ; aller contre sa nature, c'est s'user inutilement[2].

5. Il faut ensuite apprécier nos entreprises et mesurer nos facultés à nos projets. Car il doit toujours y avoir plus de puissance dans le porteur que dans le fardeau, qui nécessairement nous écrase, s'il dépasse nos forces.

6. Il est encore des affaires moins grandes par elles-mêmes que parce qu'elles deviennent le germe fécond de mille autres : celles-là aussi doivent être évitées pour les embarras multiples qu'elles enfantent successivement. N'abordons pas non plus celles dont on n'est plus libre de se retirer ; mettons la main aux choses que nous puissions ou terminer, ou du moins espérer voir finir. Renonçons à celles dont nos efforts ne peuvent qu'étendre le cercle et qui ne s'arrêtent point où l'on l'a voulu.

---

1. Disciple d'Isocrate, il abandonna la vie politique pour devenir historien. Son œuvre riche de trente volumes est aujourd'hui perdue.
2. Baillard n'avait pas donné ici cet alinéa, son manuscrit étant sans doute fautif. Nous rectifions cette omission en en proposant la traduction d'après le texte de la CUF établi par René Waltz.

7. Enfin il faut choisir les hommes, voir s'ils sont dignes que nous leur consacrions une partie de notre existence, si le sacrifice de notre temps leur profitera. Certains nous croient leurs obligés à raison de nos propres services.

8. Athénodore disait qu'il n'irait point même souper chez qui ne penserait pas lui en avoir obligation. C'était assez dire qu'il irait bien moins encore chez ceux qui prétendent payer d'un dîner un service d'ami et comptent chaque plat pour un cadeau, comme si c'était pour nous faire honneur qu'ils boivent et mangent outre mesure. Qu'on leur ôte témoins et convives, l'orgie à huis clos ne les charmera guère...[1]

VII

1. Toutefois, rien n'est délicieux à l'âme comme une amitié fidèle et tendre[2]. Quel trésor que des cœurs prêts à recevoir sans danger pour nous tous nos secrets, des consciences qui nous sont moins sévères que la nôtre, des hommes dont la compagnie calme nos soucis, dont le prudent conseil nous éclaire, dont la gaieté dissipe nos chagrins, dont la vue seule nous

---

1. Le texte présente ici une lacune.
2. *Cf.* Sénèque, *Lettres à Lucilius*, IX. Pour de plus amples détails sur la question de l'amitié chez les stoïciens, nous nous permettons de renvoyer le lecteur à notre article « L'éthique stoïcienne des sentiments... », *Les Études philosophiques*, PUF, tome 1, 1999.

réjouit! Choisissons-les ces amis, autant qu'il se peut, libres de passions. Le vice en effet s'insinue, et de proche en proche il contamine; son contact seul est funeste.

2. Donc, en temps de peste, on doit prendre garde de s'arrêter auprès des personnes déjà infectées et que le fléau dévore, car nous contracterions leur mal et leur atmosphère seule nous empoisonnerait; de même dans le choix de nos amis, nous tâcherons de nous associer les âmes qui ont le moins perdu de leur pureté. C'est inoculer le fléau que de mêler à ce qui est malade ce qui ne l'est pas; non que je te prescrive de ne chercher, de n'attirer vers toi que le sage, car où le trouver cet homme que nous poursuivons depuis tant de siècles? Le meilleur, c'est le moins mauvais.

3. À peine aurais-tu plus de chance si tu recherchais un digne ami parmi les Platon, les Xénophon et tous les rejetons de la souche socratique. Tu n'en aurais guère plus si tu puisais au siècle de Caton, qui produisit bien des hommes dignes d'avoir Caton pour contemporain, et bien des artisans de crimes les plus atroces que nulle part on ait vus. Car il fallait l'une et l'autre espèce d'hommes pour que Caton pût être compris. Caton dut avoir affaire aux bons pour en être admiré, et aux méchants, pour mettre sa vertu à l'épreuve. Mais aujourd'hui, par cette grande disette de gens de bien, soyons moins dédaigneux dans nos choix.

4. Toutefois, évitons notamment ces gens moroses qui se lamentent sur tout, qui se complaisent à voir en tout des sujets de plainte. Même constamment fidèle et dévoué, c'est toujours un ennemi de ta tranquillité qu'un compagnon irritable et à tout propos pessimiste.

VIII

1. Passons à présent à la richesse, source la plus féconde des tribulations humaines. Car si tu mets dans la balance d'un côté tous nos autres tourments, morts, maladies, craintes, regrets, douleurs et travaux à subir, et de l'autre les maux qu'enfante l'intérêt, ce dernier côté l'emportera de beaucoup.

2. Il faut songer ici combien c'est un plus léger chagrin de ne pas posséder que de perdre ; et nous comprendrons que la pauvreté est d'autant moins en butte aux regrets cuisants, qu'elle a moins de dommages à craindre. C'est une erreur de penser que le riche endure plus courageusement les pertes que le pauvre : les plus grands corps sentent aussi bien que les plus petits la souffrance des blessures.

3. Bion[1] dit ingénieusement : « Il est aussi douloureux aux têtes chevelues qu'aux têtes chauves de se

---

1. Cynique du IIIe siècle, Bion de Boristhène était célèbre dans l'Antiquité pour son esprit incisif, précisément typique du cynisme.

sentir épiler. » Il en est de même, sache-le bien, du riche et du pauvre : la perte est pénible à l'un comme à l'autre ; leur argent faisait corps avec eux : la séparation ne s'opère pas sans déchirement. Au reste, il est plus supportable, je le répète, et plus aisé de ne pas acquérir que de se voir dépouiller ; et tu trouveras des visages plus riants chez ceux que la richesse ne visita jamais que chez ceux qu'elle a délaissés.

4. Il l'avait compris, ce Diogène[1], cette âme grande et sage ; et il s'arrangea de manière que rien ne pût lui être ravi. Appelle cela pauvreté, dénuement, détresse, flétris cette sécurité de tel nom que tu voudras, je veux croire que là n'est pas le bonheur, si tu me montres quelque autre état à l'abri des spoliations. Ou je me trompe, ou c'est être roi parmi tant d'hommes cupides et fourbes, parmi tant de larrons et de pirates, que d'être le seul à qui l'on ne puisse faire tort.

5. Si l'on conteste la félicité de Diogène, alors, que l'on doute aussi de la condition des dieux immortels et s'ils peuvent vivre heureux sans métairies, sans jardins, sans riches campagnes peuplées de main-d'œuvre étrangère, sans argent à gros intérêts sur la place. Ne rougis-tu pas, ô homme ! de t'ébahir ainsi devant les richesses ? Lève tes regards vers le ciel : tu verras les dieux nus, donnant tout, ne se réservant rien. Appelleras-tu pauvre, plutôt que semblable

---

1. Diogène le Cynique.

aux dieux, l'homme qui s'est dépouillé des dons du hasard?

6. L'homme heureux, selon toi, sera-ce un Démétrius[1], cet affranchi de Pompée, qui n'eut pas honte d'être plus opulent que son maître? Chaque jour la liste de ses esclaves, comme à un général les rôles de son armée, était apportée à cet homme qui, dès le principe, eût dû se trouver riche avec deux esclaves suppléants[2] et une chambre moins étroite.

7. Diogène, lui, n'avait qu'un serviteur, lequel prit la fuite : on lui indiqua où il était; il ne crut point que ce fût la peine de se le faire ramener. « Ce serait une honte, dit-il, que Manès pût vivre sans Diogène, et que Diogène ne pût vivre sans Manès. » Je m'imagine l'entendre ajouter : « Fortune! va faire ailleurs de tes tours : il n'y a plus rien à toi chez Diogène. Mon esclave s'est enfui; je dis mal : c'est un homme libre qui est parti. »

8. Une troupe d'esclaves exige le vêtement et la nourriture : il faut fournir aux nombreux estomacs de la plus vorace des engeances, lui acheter des habits, surveiller toutes ces mains si rapaces, enfin tirer parti d'êtres qui ne servent qu'en pleurant et en maudis-

---

1. Il était l'homme d'affaires de Pompée. En faisant des affaires pour son maître, Démétrius s'était considérablement enrichi, ce qui lui avait valu le mépris et la jalousie de ceux qui ne le considéraient que comme un affranchi indigne de sa richesse.
2. Des esclaves de catégorie inférieure, les *vicarii*, étaient placés sous la responsabilité d'autres esclaves.

sant. Combien est plus heureux l'homme qui n'a de frais à faire que pour celui qu'il coûte le moins de refuser, c'est-à-dire que pour lui-même !

9. Mais n'ayant pas cette force en nous, ayons de moins amples patrimoines : nous serons moins exposés aux injures du sort. Les tailles moyennes, qui peuvent se ramasser sous le bouclier, valent mieux à la guerre que celles qui dépassent les autres, et qui offrent en tous sens une grande surface aux blessures. La vraie mesure de la richesse est celle qui, sans tomber dans la pauvreté, ne s'en éloigne pas de beaucoup.

IX

1. Cette mesure nous plaira, si d'abord nous avons du goût pour l'économie, sans laquelle les plus grandes richesses ne suffisent point, et avec laquelle les plus minces fournissent assez, d'autant que la ressource est à notre portée et que la pauvreté économe peut se tourner en vraie richesse.

2. Habituons-nous à éloigner de nous le faste, et à priser dans les choses l'utilité, non l'éclat. Mangeons pour apaiser la faim, buvons pour éteindre la soif; ne payons au plaisir charnel que le tribut nécessaire. Sachons nous servir de nos jambes[1], régler notre table

---

1. Plutôt que de faire usage d'une litière, comme les riches Romains, qui aimaient être transportés ainsi par les rues de Rome.

et notre costume non sur les exemples modernes, mais comme nous y invitent les mœurs de nos pères. Sachons nous fortifier dans la continence, repousser le luxe, fuir l'intempérance, calmer notre colère, envisager de sang-froid la pauvreté, cultiver la frugalité (dussions-nous avoir quelque honte d'apaiser à peu de frais des appétits naturels), tenons comme à la chaîne nos fougueuses espérances et notre imagination élancée vers l'avenir, et faisons en sorte que nos richesses viennent de nous-mêmes plutôt que de la Fortune.

3. Oui, il est impossible, au milieu des variables et injustes caprices du sort, que de nombreux coups de vent ne frappent pas ceux qui déploient de trop vastes agrès : réduisons nos biens à d'étroites limites, et les coups porteront à faux. Aussi a-t-on vu bien souvent des exils et des disgrâces salutaires ; et de légers malheurs en ont guéri de plus graves, quand l'homme, sourd aux sages conseils, n'adoptait pas un traitement plus doux. Eh ! ne lui est-il pas utile que la pauvreté, l'ignominie, le renversement de sa position, le sauvent d'un grand mal par un moindre ? Accoutumons-nous donc à pouvoir manger sans un peuple de convives, à nous faire servir par moins de valets, à n'avoir d'habits que pour l'usage qui les fit inventer, à être logés moins au large[1]. Ce n'est pas seulement aux courses et aux

1. L'opulence, comme l'indigence totale d'ailleurs, est condamnable pour Sénèque comme pour Démocrite. S'en tenir au nécessaire, c'est se prémunir de l'inquiétude, en tant qu'elle est nuisible

luttes du cirque, c'est dans la carrière de la vie qu'il faut apprendre à tourner court.

4. Même les dépenses pour les études littéraires, les plus nobles de toutes, ne me paraissent raisonnables que si elles sont modérées. Que me font ces immenses quantités de livres, et ces bibliothèques dont le maître en toute sa vie peut à peine lire les titres ? Cette masse d'écrits surcharge plutôt qu'elle n'instruit ; et il vaut bien mieux t'adonner à un petit nombre d'auteurs que d'en effleurer des milliers.

5. Quarante mille volumes furent brûlés à Alexandrie ![1] « Superbe monument d'opulence royale ! » répéteront des enthousiastes, après Tite-Live, qui appelle cela l'œuvre de la magnificence et de la sollicitude des rois. Il n'y eut là ni munificence ni sollicitude ; il y eut faste littéraire, que dis-je, littéraire ?, ce n'est pas pour les lettres, c'est pour la montre qu'on fit ces collections ; ainsi, chez le grand nombre, chez des gens qui n'ont même pas l'instruction d'un esclave, les livres, au lieu d'être des moyens d'étude, ne font que parer des salles de festin. Achetons donc des livres pour le besoin seulement, jamais pour l'étalage.

à la tranquillité de l'âme. Croire que le bonheur réside dans la possession matérielle, dans une extériorité à soi, c'est faire fausse route. Sénèque nous invite à rentrer en nous-mêmes, afin d'y puiser une richesse plus sûre que toutes celles de l'extériorité.

1. Le célèbre incendie de la non moins célèbre bibliothèque d'Alexandrie (qui comptait en fait plus de 700 000 rouleaux), créée par les Ptolémées, eut lieu en 47 avant J.-C.

6. « Mais je dépense plus honorablement de cette manière qu'en vases de Corinthe et en tableaux ! », diras-tu. C'est un vice en tout que l'excès[1]. Y a-t-il à excuser l'homme qui agence le citre et l'ivoire en bibliothèque, qui va cherchant partout les œuvres bien complètes de tel auteur inconnu ou méprisé, et devant ses milliers de volumes, bâille, admirant par-dessus tout les tranches et les titres ?[2]

7. Aussi est-ce chez les plus paresseux que tu verras tout ce qu'il y a d'orateurs et d'historiens et des cases superposées du plancher au plafond ; jusque dans les bains et les thermes, on a sa bibliothèque d'un poli parfait, comme indispensable ornement de maisons. Je pardonnerais volontiers cette manie, si elle provenait d'un excès d'amour pour l'étude ; mais ces recueils précieux, mais, avec leurs portraits, les écrits de ces divins génies s'achètent pour le coup d'œil, ils vont décorer des murailles.

---

1. Formule encore inspirée de Démocrite (Diels. B 102). Même pour ce qui regarde la formation intellectuelle, l'excès est le signe du vice et non de la vertu, qui préférera la curiosité à l'encyclopédisme, ainsi que le suggérait déjà l'alinéa 4. Pour paraphraser Démocrite, il vaut mieux penser beaucoup que savoir beaucoup.
2. Les livres de l'époque étaient constitués d'un papyrus enroulé (*volumen*) et glissé dans un étui protecteur rigide duquel pendait une étiquette, afin d'identifier le texte et son auteur. C'est la vanité et le souci du paraître qui poussaient les riches à en posséder par milliers.

X

1. Mais tu es tombé dans une position difficile, et inopinément des malheurs publics ou personnels sont venus t'enlacer d'un réseau que tu ne saurais dénouer ni rompre. Songe que les prisonniers ont d'abord peine à supporter le poids de leurs fers et de leurs entraves : peu à peu le désespoir fait place à des dispositions plus résignées ; la nécessité leur enseigne à tout subir avec courage, l'accoutumance le leur rend facile. Point de situation dans la vie qui n'ait ses douceurs, ses heures de relâches, ses plaisirs, pourvu qu'au lieu de se croire à plaindre, on travaille à se faire envier.

2. Le meilleur service que la nature nous ait rendu, c'est que sachant pour quelles misères nous naissons, elle a imaginé, comme adoucissement à nos peines, l'habitude qui nous familiarise vite avec ce qu'elles ont de plus rude. Nul n'y résisterait, si les adversités avaient dans leur durée la même violence qu'au premier choc.

3. La Fortune nous mène tous en captifs : l'un porte des chaînes d'or et plus lâches ; celles de l'autre sont plus serrées et de métal grossier. Mais qu'importe ? la même surveillance nous enveloppe tous ; ils sont enchaînés aussi ceux qui rivent nos liens, à moins qu'on ne juge moins lourde celle qui tient au bras gauche des gardiens. À celui-ci ses honneurs, à celui-là son opulence, à ce troisième sa noblesse, à cet autre son obscurité, sont autant de liens odieux ; certains hommes sentent peser sur leur tête le pouvoir d'autrui, quelques-uns le leur propre ; tel a l'exil pour prison, tel autre le sanctuaire[1]. Toute vie est un esclavage.

4. Accoutumons-nous donc à la nôtre ; plaignons-nous-en le moins possible, et sachons saisir tout ce qu'il s'y rattache d'avantages. Il n'est pas de sort si pénible qu'un bon esprit n'y trouve quelque dédommagement. Souvent, par une habile distribution, un très petit espace se prête à une foule d'emplois, et l'enclos le plus resserré devient habitable à qui sait en tirer parti. Oppose la raison à tous les obstacles : devant elle les âpres écueils s'aplanissent, les étroits sentiers s'élargissent, et les fardeaux sont moins lourds à qui sait les porter.

5. Il ne faut pas non plus que nos désirs volent trop loin ; ne leur laissons que l'horizon le plus proche, puisqu'ils ne peuvent souffrir une captivité absolue. Renonçons à ce qui n'est point pour nous ou qui coûte trop de peine[2] ; allons à ce qui appelle notre

---

1. Le prêtre de Jupiter n'avait pas la possibilité de s'absenter de Rome plus d'une seule nuit.
2. *Cf.* Sénèque, *La Colère*, III, VI, 3 : « On a tout à gagner à suivre un salutaire précepte de Démocrite qui donne comme un moyen de la tranquillité de ne pas se dépenser dans sa vie privée et publique en actions multiples ou au-dessus de ses forces. Jamais, quand on disperse son activité dans tant d'affaires, le jour ne passe assez heureusement pour qu'un homme ou une circonstance ne cause un froissement qui dispose l'âme à la colère. »

main et sourit à nos espérances; mais sachons que toutes choses sont également frivoles; à l'extérieur diverses formes, au fond mêmes vanités. N'envions point ceux qui tiennent les hauts rangs : leur apparente élévation n'est que le penchant d'un précipice.

6. À leur tour ceux qu'un sort perfide a mis sur ces postes glissants auront moins à craindre s'ils dépouillent l'orgueil naturel de leur Fortune, s'ils font descendre leur grandeur le plus qu'ils pourront vers le plain-pied des autres hommes. Il en est plus d'un sans doute que la nécessité enchaîne à ces sommets d'où l'on peut tomber, mais d'où l'on ne descend point; qu'ils témoignent du moins que le plus lourd de leur tâche est d'être obligés de peser sur les autres; qu'ils sont bien moins élevés que cloués à leurs charges. À force d'équité, de douceur, d'humanité dans le commandement, de générosité dans leurs grâces, qu'ils se ménagent pour les chutes à venir maint adoucissement et que, suspendus sur l'abîme, cet espoir les rassure un peu.

7. Mais rien ne préserve mieux de ces orages de l'âme que de fixer toujours quelque limite à son élévation et, au lieu d'attendre que la Fortune nous quitte à sa fantaisie, de s'exhorter soi-même au repos bien en deçà du dernier terme. Ainsi nous ressentirons encore la pointe de quelques désirs, mais bornés, qui ne nous jetteront pas dans l'incertain et l'infini.

XI

1. Ceci s'adresse aux âmes imparfaites, faibles et non encore guéries[1] ; je ne parle pas au sage. Celui-là n'a pas à marcher d'un pas timide et par tâtonnements ; il a tellement foi en lui-même qu'il avancera sans hésiter à l'encontre de la Fortune et jamais ne lâchera pied devant elle. Car en quoi pourrait-il la craindre ? Ses esclaves, son avoir, son rang parmi les hommes, tout son être enfin et ses yeux et ses mains, et le reste des choses qui peuvent rattacher à la vie, le sage met tout cela au nombre des biens éphémères ; il use de la vie comme d'un prêt, qu'il va rendre sans chagrin à la première répétition.

2. Et loin de le rabaisser à ses propres yeux, cette idée qu'il ne s'appartient pas lui fait apporter en toute chose autant de scrupule et de circonspection qu'une conscience religieuse et pure en met dans la conservation d'un dépôt.

---

1. «Aurais-je la prétention de me donner pour sage ? Non ! », écrit Sénèque à sa mère (*Consolation à Helvia, ma mère*, V, 2). Dans un souci de modestie, Sénèque s'associe implicitement ici à Sérénus et affirme (puisque tout écrit, fût-il pour Sérénus, est aussi un écrit pour soi-même) faire partie des *proficientes*, des «apprenants», des apprentis en sagesse. Il faut lire implicitement ici un assouplissement de la doctrine stoïcienne ; Sénèque convient qu'il n'est pas un sage, qu'il reste un éternel progressant, renvoyant ainsi à l'indéfini le moment de la sagesse maîtrisée et atteinte.

3. Sommé de rendre, il ne voudra pas chicaner avec la Fortune, il lui dira : «J'ai possédé, j'ai joui, je te rends grâce. Il m'en a coûté cher pour utiliser ton bien ; mais tu l'ordonnes, je te le remets avec reconnaissance et de grand cœur. Veux-tu me laisser quelque chose de toi, je saurai encore le garder. En disposes-tu autrement, mon argent, soit monnaie, soit ciselures, ma maison, mes esclaves, je rends, je restitue tout cela. » Si c'est la nature, notre première créancière, qui nous appelle à restitution, disons-lui de même : «Reprends cette âme, meilleure que tu ne me l'as donnée. Sans tergiverser ni reculer, je te représente volontairement ce que j'ai reçu de toi sans le savoir ; emporte-le. »

4. Retourner au lieu d'où l'on est venu, qu'y a-t-il là de si terrible ?[1] Celui-là vivra mal qui ne saura pas bien mourir. La vie est la première chose qu'il faut réduire à sa vraie valeur : compte-la au nombre de tes servitudes. «On ne peut souffrir, dit Cicéron, les gladiateurs qui s'abaissent à tout pour obtenir la vie ; on s'intéresse à ceux qui portent sur le front le mépris du trépas. »[2] Ainsi de nous : c'est une cause ordinaire de mort que la peur de mourir.

---

1. Seule la vertu a de la valeur, le reste est indifférent. La mort est, à ce titre, un «indifférent» pour les stoïciens.
2. *Cf.* Cicéron, *Pro Milone*, 92. Sénèque cite sans doute de mémoire, car le texte original diffère quelque peu.

5. Dans les jeux qu'elle se donne à elle-même, la Fortune dit au lâche : «Pourquoi t'épargnerais-je, indigne combattant? Tu seras d'autant plus déchiré de coups et de blessures que tu ne sais pas tendre la gorge. Mais tu vivras plus longtemps et ton agonie sera plus courte, toi qui, sans baisser la tête ni te couvrir de tes mains, reçois en brave le fer ennemi.»

6. Qui craint la mort n'agira jamais en homme vivant; mais celui qui sait bien que dès l'heure où il fut conçu sans arrêt fut porté, celui-là vivra selon les termes de l'arrêt, et en même temps, par la même force d'âme, fera en sorte que nul événement ne soit imprévu pour lui. En voyant d'avance le possible comme certain, il amortira le choc de tous les maux : car, à l'homme qui s'y tient prêt, qui les attend, ils n'apportent rien de nouveau; mais celui qui, plein de sécurité, ne prévoit que d'heureuses chances, est accablé lorsqu'ils arrivent.

7. La maladie, la captivité, ma maison qui s'écroule ou s'enflamme, rien de tout cela ne peut me surprendre. Je savais dans quelle orageuse société m'avait confiné la nature; j'ai tant de fois entendu dans mon voisinage le cri des funèbres adieux[1], tant de fois vu passer devant ma porte la torche et les bougies des obsèques prématurées[2]; l'écroulement de quelque

---

1. Sans doute Sénèque fait-il ici référence aux lamentations des pleureuses, rituel répandu dans tout le monde méditerranéen.
2. *Cf.* Sénèque, *De la brièveté de la vie*, XX, 5.

haut édifice a tant de fois frappé mon oreille ; tant de liaisons commencées au Forum, au Sénat, dans les entretiens, ont pour moi disparu dans la nuit qui est venue séparer nos mains unies et heureuses de fraterniser ! Puis-je m'étonner jamais de voir fondre sur moi des périls qui n'ont cessé de planer sur moi ?

8. Combien cependant s'exposent à la mer sans songer aux tempêtes ! Ne rougissons pas de prendre d'un méchant auteur une bonne pensée. Publius[1], talent plus vigoureux que les tragiques et que les comiques, quand il renonce aux plates bouffonneries et à ces propos qui s'adressent aux derniers rangs de l'amphithéâtre. Publius nous dit, entre autres sentences qui s'élèvent non seulement au-dessus du brodequin mais même du *siparium*[2] :

« Le trait qui m'a frappé peut frapper tous les hommes. »

Si nous gravons cela au fond de notre âme, si nous regardons tous les maux, qui journellement pullulent sous nos yeux, comme ayant le chemin aussi libre vers nous que vers les autres, nous nous trouverons armés bien avant l'attaque. Il n'est plus temps de s'aguerrir au péril quand le péril est en présence.

9. « Je ne pensais pas que cela dût arriver ! Je n'aurais jamais cru l'événement possible ! » Et pourquoi non ?

---

1. Il s'agit d'un certain Publius Syrus, mime syrien et ami de César.
2. Le rideau de scène devant lequel se déroulaient les numéros de mime.

Où sont les richesses que l'indigence, la faim, la men-
dicité ne suivent pas de près? Quelle dignité avec sa
prétexte, son bâton d'augure et sa chaussure patri-
cienne, ne marche pas voisine de l'accusation, du ban-
nissement, des notes infamantes, de mille flétrissures
et du dernier mépris? Quelle est la royauté que
n'attendent pas la chute et la dégradation, et le vainqueur et le bourreau? Révolutions que ne séparent
point de longs intervalles; la même heure peut nous
voir sur le trône et aux genoux d'un maître.

10. Souviens-toi que toute condition est chancelante,
et que les revers d'autrui peuvent aussi t'atteindre. Tu
es riche? L'es-tu plus que Pompée? Eh bien, lorsque
Caïus, son parent de vieille date, hôte de nouvelle
espèce, lui ouvrait le palais de César pour lui fermer sa
propre maison, Pompée manqua de pain et d'eau[1]. Il
possédait des fleuves entiers qui naissaient et finis-
saient dans ses domaines, et il mendia l'eau des gout-
tières, il périt de faim et de soif dans le palais de son
parent, de son héritier, qui marchandait les obsèques
publiques de l'affamé.

11. Tu fus honoré des plus hauts emplois? Furent-ils
aussi grands, aussi inespérés, aussi illimités que ceux

---

1. Il s'agit non pas du célèbre Pompée, mais de Sextius Pompée, son
petit-fils, que Caligula fit séquestrer, puis mourir de faim. L'empereur sanguinaire en fut d'ailleurs l'héritier, ce à quoi Sénèque fait
ici référence.

de Séjan[1]? Le jour où le Sénat lui avait fait cortège, il fut mis en pièces par le peuple, et, de celui que les dieux et les hommes avaient comblé de toutes les faveurs possibles, il ne resta rien pour le croc du bourreau.

12. Tu es roi? Je ne te renverrai ni à Crésus qui par ordre du vainqueur monta sur le bûcher puis le vit éteindre, survivant ainsi à la royauté et au supplice; ni à Jugurtha qui en une même année fit trembler le peuple romain et reput ses yeux comme captif. Nous avons vu Ptolémée roi d'Afrique, et le roi d'Arménie, un Mithridate, dans les fers de Caligula[2]; l'un envoyé en exil, l'autre ne souhaitant rien qu'un exil moins perfide. Dans ces immenses vicissitudes de fortunes qui s'élèvent et qui tombent, si l'on n'envisage les maux possibles comme certains, on donne contre soi trop de forces à l'adversité, laquelle est désarmée dès qu'on l'ose voir venir.

XII

1. Une autre règle à suivre est de ne point travailler pour des choses vaines ou vainement, c'est-à-dire de ne pas aspirer à ce qu'on ne peut atteindre, ou à des

---

1. Favori de Tibère.
2. Ces deux rois excitèrent la jalousie de Caligula, qui n'hésita pas à faire tuer Ptolémée et emprisonner Mithridate. (Lire Tacite, *Annales*, XI, 8.)

conquêtes après lesquelles, à notre grande honte, une tardive lumière nous découvre le néant de nos ambitions ; en un mot, que nos travaux n'aillent pas échouer sans effet ou que les effets ne soient pas indignes des travaux. Car c'est là presque toujours ce qui rend mélancolique : le défaut de succès ou un succès dont on rougit.

2. Réservons ces allées et venues habituelles au peuple d'oisifs qui court sans cesse maisons, théâtres, places publiques avec des offres de service à tout venant, et l'air toujours affairé. Demande à l'un d'eux sortant de chez lui où il va et ce qu'il compte faire : il te répondra qu'en vérité il n'en sait rien, mais qu'il verra du monde, qu'il fera quelque chose.

3. Ils errent à l'aventure, à la quête des occupations et saisissant, non ce qu'ils auraient projeté de faire, mais ce que leur offre le hasard. Sans objet, sans résultat dans leurs courses, ils sont comme ces fourmis qui grimpent le long des arbustes et montent au sommet pour redescendre à vide jusqu'à terre. Voilà l'image de presque tous ces gens dont on qualifierait à bon droit l'existence de laborieuse inoccupation.

4. C'est pitié de les voir courir comme à un incendie, heurtant ceux qui passent, tombant et faisant tomber ; et pourquoi s'évertuent-ils tant ? Pour donner un salut qu'on ne leur rendra point, ou grossir le deuil d'un mort qu'ils ne connaissent pas, ou assister au procès d'un plaideur par état, aux fiançailles d'un homme qui change de femme à tout instant[1], ou suivre une litière qu'en certains endroits ils portent eux-mêmes. Ils rentrent chez eux excédés de fatigues infructueuses; ils jurent qu'ils ne savent pourquoi ils sont sortis, ni où ils sont allés; et c'est à recommencer demain sur les mêmes allures qu'aujourd'hui.

5. Que toute peine donc se propose un but, un résultat déterminé. À défaut de motifs réels, les esprits inquiets et les fous s'agitent pour de creuses chimères, car il faut même à de telles gens quelque espoir pour se remuer, incités qu'ils sont par des apparences telles quelles, dont l'imagination préoccupée ne reconnaît pas tout le néant.

6. De même chacun de ces hommes, qui ne sortent que pour grossir la foule, a mainte idée frivole et vaine qui le promène par la ville et, sans qu'il ait la moindre affaire devant lui, l'arrache de son lit dès l'aurore, l'envoie heurter à vingt portes différentes, saluer vingt nomenclateurs[2]; et refusé presque partout, la personne qu'il trouve le plus difficilement chez elle, c'est lui-même.

---

1. Les mariages successifs étaient fort courants dans la Rome impériale. Ajoutons également qu'au temps de Sénèque les femmes avaient la possibilité d'être à l'initiative des divorces.
2. Le *nomenclator* était l'esclave des hommes en vue, dont la charge était de rappeler à son maître quel était le nom des individus qu'il croisaient en ville.

7. De cette maladie procède un vice des plus odieux, la manie d'écouter, de s'enquérir de ce qui se sait et de ce qui ne se sait pas, d'apprendre une foule de choses qu'il est dangereux de raconter et dangereux d'entendre.

XIII

1. C'est, je crois, à ce propos que Démocrite a dit au début de son livre : « Qui voudra vivre tranquille ne se chargera pas de nombreuses affaires, publiques ou privées »[1], entendant par là sans doute celles qui sont superflues, car les nécessaires, soit privées, soit publiques, il faut s'y vouer, fussent-elles nombreuses, fussent-elles infinies ; mais quand ce n'est pas la voix solennelle du devoir qui commande, il faut s'abstenir d'agir.

2. Celui qui entreprend beaucoup donne souvent prise à la Fortune : le plus sûr est de la tenter rarement, de songer sans cesse à ses caprices et de ne se rien promettre de sa constance. « Je m'embarquerai, à moins de quelque incident ; je serai prêteur, si rien n'y met obstacle ; ma spéculation réussira, s'il ne survient pas quelque travers sur ma route. »[2]

---

1. *Cf.* Démocrite (Diels. B3).
2. Malgré la clairvoyance du sage, seul le dieu sait l'avenir dans ses moindres détails.

3. Voici pourquoi nous soutenons qu'il n'arrive au sage rien d'inattendu : nous l'affranchissons, sinon des accidents, du moins des erreurs communes ; toutes choses ne tournent pas comme il l'a voulu, mais comme il l'a prévu. Or il a prévu avant tout que ses plans pouvaient rencontrer des résistances. Et il faut bien que le regret d'avoir désiré en vain soit moindre chez l'homme qui ne s'est pas promis en tout cas le succès.

XIV

1. Adoptons aussi cette facilité d'humeur qui n'embrasse pas trop ardemment un premier projet ; passons de bonne grâce où le sort nous mène ; ne redoutons point de changer de vues ou d'état : seulement ne tombons pas dans cette vicieuse mobilité de plans qui est le plus grand ennemi de notre repos. Car si l'obstination est une cause nécessaire de misères et d'angoisses, puisque à chaque instant la Fortune lui arrache quelque illusion, un mal bien plus grave, c'est la légèreté qui ne se fixe nulle part. Deux fléaux pour la tranquillité de l'âme : ne pouvoir ni changer ses plans, ni supporter son sort.

2. Détachons-nous donc entièrement du dehors pour revenir à nous : que sûre d'elle-même, heureuse et fière de ses avantages, notre âme se retire, le plus qu'elle pourra, de ce qui n'est pas elle, et que désormais toute à soi[1], insensible aux pertes, elle prenne en bonne part jusqu'à l'adversité.

3. À la nouvelle d'un naufrage qui l'avait totalement ruiné, notre Zénon ne dit que ces mots : « La Fortune veut que je philosophe plus à l'aise. » Un tyran menaçait le philosophe Théodore[2] de le faire mourir, de le priver même de sépulture : « Tu peux te satisfaire, répliqua celui-ci ; j'ai une pinte de sang à ton service. Quant à la sépulture, tu es bien sot de croire qu'il m'importe de pourrir dans la terre plutôt que dessus. »

4. Julius Canus, grand homme s'il en fut[3], et qui n'a rien à perdre de notre admiration pour être né dans ce siècle-ci, venait d'avoir une longue altercation avec Caligula. Le voyant sortir, le nouveau Phalaris[4] lui dit : « Ne te flatte pas d'une fausse espérance, j'ai donné l'ordre de ta mort. – Grand merci ! très excellent prince », fut la réponse de Canus[5].

5. Quel sens avait-elle ? Je ne sais, car elle m'en présente plusieurs. Était-ce un sarcasme, une manière de

1. Autrement dit qui se suffit à elle-même. Le sage est précisément celui qui s'épanouit dans l'*autarkéia*, l'autarcie.
2. Théodore de Cyrène, philosophe mathématicien contemporain de Socrate, est l'un des interlocuteurs du *Théétète* de Platon.
3. Stoïcien qui, trois jours après avoir été décapité, est revenu parmi les vivants pour attester de l'immortalité de l'âme auprès de son ami Antiochos de Séleucie, selon Plutarque (fr. 211).
4. Tyran d'Agrigente
5. Qui respecte ainsi les usages qui veulent que l'on remercie toujours un prince de sa bonté à la fin d'une rencontre (*cf.* Tacite, *Annales*, XIV, 56).

peindre l'affreuse tyrannie sous laquelle la mort devenait une grâce ? Lui reprochait-il ses scènes de frénésie journalières, où il se faisait remercier de ceux même dont il égorgeait les fils ou confisquait les biens ? Ou acceptait-il avec joie la mort comme un affranchissement ? Quoi qu'il en fût, sa réponse est celle d'une grande âme.

6. Caligula, dira-t-on peut-être, était capable après cela de le condamner à vivre. Canus n'eut pas cette crainte : il savait le tyran fidèle à sa parole quand il promettait le supplice. Croirais-tu que les dix jours qui le séparaient de la mort, il les passa sans le moindre souci ? On a peine à concevoir tout ce que dit, tout ce que fit cet homme, et quelle fut sa tranquillité.

7. Il jouait aux petits soldats[1], lorsque le centurion, qui traînait au supplice une troupe de condamnés, le fit appeler à son tour. Canus alors compte ses pièces, dit à son adversaire : « N'allez pas après ma mort vous vanter faussement de m'avoir battu » ; et au centurion : « Vous serez témoin que j'ai sur lui l'avantage d'une pièce. » Était-ce là jouer aux échecs ? C'était se jouer du tyran.

8. Ses amis étaient consternés de l'immense perte qu'ils allaient subir : « Pourquoi cette tristesse ? leur dit-il. Vous cherchez encore si l'âme est immortelle ; moi, je vais le savoir tout à l'heure. » Et il ne cessa pas, même au dernier moment, de chercher la vérité, et de demander à sa propre mort une solution.

---

1. Les *latrunculi* étaient un jeu proche des échecs.

9. Un philosophe attaché à sa personne l'accompagnait[1], et déjà ils approchaient du tertre où s'immolaient journellement à notre dieu Caligula des victimes humaines. «À quoi songez-vous en ce moment? demanda-t-il à Canus, et quelle pensée vous occupe? – Je me propose, dit celui-ci, d'épier, dans ce moment si rapide, si mon âme se sentira sortir.» Et il promit, s'il découvrait quelque chose, de venir chez tous ses amis leur révéler l'état des âmes.

10. Voilà bien le calme au fort de l'orage. Voilà un homme digne d'être immortel, qui appelle son heure fatale en témoignage de la vérité. Sur l'extrême limite de la vie, il interroge son âme au départ, et veut s'instruire non seulement jusqu'à son trépas, mais par son trépas même. Nul ne philosopha plus avant dans la mort. Aussi n'as-tu pas à craindre notre indifférence, ô grand homme, ô précieuse renommée! Nous te signalerons à la mémoire des siècles, illustre victime, qui tiens ta grande place dans les massacres de Caligula.

XV

1. Mais que sert d'avoir repoussé les causes d'affliction personnelle? Il est des instants où une sorte d'horreur pour le genre humain nous saisit, à la rencontre de tant

---

1. Il était habituel pour les personnages importants de la Cité d'avoir un philosophe «domestique».

de crimes heureux, en voyant combien la simplicité de cœur est rare ; l'innocence peu connue ; la bonne foi, si elle ne profite, presque nulle part ; les gains de la débauche, non moins odieux que ses profusions ; la vanité, pressée de franchir ses bornes naturelles jusqu'à vouloir briller par l'infamie. La pensée se perd dans cette nuit ; et de l'écroulement pour ainsi dire des vertus qu'il n'est ni permis d'espérer chez les autres, ni utile de posséder, il ne surgit plus que ténèbres.

2. Il faut donc nous accoutumer à ce tour d'esprit, qui envisage moins l'odieux que le ridicule des vices de l'humanité ; il faut imiter Démocrite plutôt que son adversaire. Héraclite ne pouvait se trouver en public sans verses des larmes, et Démocrite riait sans cesse [1]. Dans tout ce que nous faisons l'un ne voyait que misère, l'autre que puérilités. Il faut tenir peu compte de quoi que ce soit et porter légèrement la vie.

3. Le rire est ici plus humain que les larmes, et c'est mériter mieux de ses semblables de trouver en eux du plaisant que du triste. On leur laisse du moins quelque bon espoir ; mais il y a folie à pleurer ce qu'on désespère de réformer. Et, à tout bien considérer, il est plus noble d'être gagné par le rire que par les pleurs. Le rire soulève une des plus légères affections de l'âme, il ne voit rien de grand, de sévère ni même de sérieux dans tout notre vain appareil.

---

1. *Cf.* Jean Salem, *La Légende de Démocrite*, chap. II, Kimé, 1996.

4. Qu'on réfléchisse sur chacune des choses qui nous font gais ou tristes, on sentira combien est vrai ce mot de Bion : « Toutes les affaires qui occupent les hommes sont de vraies comédies, et leur vie n'est ni plus respectable ni plus sérieuse que des embryons mal formés. »

5. Mais le plus sage sera d'accepter tranquillement les mœurs communes et les vices des hommes sans se laisser aller ni aux rires ni aux larmes. Se tourmenter des misères d'autrui, c'est se vouer à d'éternels chagrins.

6. En faire un sujet de risée serait une jouissance barbare, tout comme c'est une stérile politesse que de verses des pleurs et composer son visage parce que le voisin enterre son fils. Et aussi, dans tes chagrins personnels, ne donne à la douleur que ce qu'exige non l'usage, mais la raison. Car le grand nombre ne verse de larmes que pour être vu ; elles tarissent quand les témoins s'en vont ; on croit malséant de ne pas pleurer quand tout le monde pleure. Elle est tellement invétérée en nous cette fausse honte qui nous assujettit au qu'en-dira-t-on, que la chose la plus naturelle, la douleur, devient l'objet d'une simulation.

XVI

1. Une autre considération bien légitime qui d'ordinaire attriste l'âme et la jette dans l'anxiété, c'est la fin malheureuse des hommes vertueux. C'est Socrate contraint de mourir dans les fers; Rutilius de vivre dans l'exil[1]; Pompée et Cicéron de tendre la gorge à leurs clients; Caton, cette vivante image de vertus, se courbant sur son glaive et témoignant que le coup qui l'immole immole aussi la république. Quelle âme n'est torturée de voir la Fortune si inique dans ses récompenses? Qu'espérer désormais, nous tous, quand les plus hommes de bien subissent les pires traitements?

2. Que faire donc? Examiner comment chacun d'eux a souffert la sienne : s'ils l'ont fait en héros, souhaiter leur courage; si c'est lâchement et en femmes qu'ils périrent, leur perte est nulle pour l'humanité. Ou ils sont dignes que leur vertu te fasse envie, ou leurs cœurs pusillanimes ne valent pas un regret. Quelle honte ne serait-ce point, si la mort courageuse d'un grand homme n'enfantait que des lâches?

3. Louons plutôt en lui un héros digne à jamais de nos éloges, et disons : «L'homme de cœur! l'homme heureux! te voilà libre des accidents humains, de l'envie, de la maladie, libre de la captivité : ce n'est pas toi que les dieux ont cru digne de la mauvaise fortune; c'est elle qu'ils ont crue indigne de pouvoir jamais rien sur toi.» Quant à ceux qui fuient la lutte et qui du sein de la mort tournent encore les yeux vers la vie, il faut les ramener de force à l'ennemi.

_____

1. Rutilius Rufus, gouverner d'Asie injustement calomnié, s'est laissé condamné à l'exil et a refusé de rentrer à Rome lorsque Sylla amnistia les bannis.

4. Je ne veux pleurer ni l'homme qui est dans la joie, ni celui qui verse des larmes : le premier a séché les miennes ; l'autre, s'il en répand, n'est plus digne d'en obtenir de moi. Quoi ! je pleurerais Hercule expirant dans les flammes ; Régulus percé de clous qui le déchirent ; ou Caton, de son propre fer ? Ils ont tous, au prix de quelques jours de vie, acheté une éternelle gloire ; ils sont arrivés par la mort à l'immortalité.

XVII

1. Il est encore une source féconde de tourments, c'est le pénible soin qu'on prend de se composer et de ne se jamais montrer tel qu'on est, comme font tant d'hommes dont toute la vie est un mensonge, une représentation de théâtre. Quel supplice que d'avoir sans cesse les yeux sur nous-mêmes, et de trembler qu'on ne nous reconnaisse pour n'être pas ce que nous semblons ! Quelle anxiété de tous les instants que de prendre le moindre coup d'œil pour un jugement porté sur nous ! Car mille incidents viendront malgré nous nous dévoiler ; et dût-on réussir dans un rôle aussi difficile, quelle jouissance ou quelle sécurité, de passer sa vie sous le masque !

2. Mais quelle satisfaction dans cette simplicité franche qui n'a d'ornement qu'elle-même, qui ne jette pas un manteau sur ses mœurs ! On court le risque, il est vrai, d'être mésestimé, si tout en nous est sans voile pour tous ; car bien des gens dédaignent ce qu'ils abordent de trop près. Mais le vrai mérite n'a pas à craindre de rien perdre à un examen trop familier ; – et, après tout, le dédain que nous attirerait la franchise vaut mieux que le supplice d'une continuelle dissimulation. Prenons toutefois un juste milieu : la distance est grande entre la franchise et le trop de laisser-aller.

3. Il faut aussi se retirer souvent en soi-même ; la fréquentation d'hommes qui ne nous ressemblent pas trouble l'âme la mieux réglée, réveille les passions et irrite ce qu'il peut y avoir en nous de parties faibles et mal guéries. Entremêlons toutefois les deux choses, et cherchons tour à tour la solitude et le monde. L'une fait désirer de revoir les hommes, l'autre d'habiter avec soi : elles se servent mutuellement de correctif ; la solitude guérit du dégoût de la foule, la société dissipe l'ennui de la solitude.

4. Que l'esprit non plus ne soit pas toujours également tendu : appelons-le parfois aux délassements. Socrate ne rougissait pas de jouer avec des enfants ; et Caton cherchait dans le vin un allégement aux fatigues de la vie publique. Scipion, chargé de triomphes, ne dédaignait point de mouvoir en cadence ses membres aguerris, non pas en affectant ces molles attitudes aujourd'hui à la mode qui donnent à la démarche même un air plus qu'efféminé, mais selon la danse toute virile dont ces hommes antiques égayaient leurs jours de fête, et qui ne leur faisait rien perdre de leur dignité, quand ils eussent eu l'ennemi pour spectateur.

5. Il faut savoir parfois se relaxer : on se relève, après le repos, plus ferme et plus énergique. Comme on ne doit pas trop exiger du champ le plus fertile qu'épuiserait bientôt une production non interrompue, ainsi l'esprit le plus vigoureux se brise par un labeur trop assidu. Il veut, pour reprendre sa force, être détendu, relâché quelque peu. De la continuité des travaux, résulte pour lui une sorte d'émoussement et de langueur.

6. Les hommes ne courraient pas avec tant d'ardeur aux divertissements et aux jeux, si un attrait naturel ne s'y rattachait : mais l'abus en ce genre ôte à l'esprit toute consistance et tout ressort. Ainsi le sommeil est indispensable à la réparation des forces ; cependant le prolonger et le jour et la nuit serait une vraie mort. Grande est la différence entre relâcher et dissoudre.

7. Les législateurs ont institué des fêtes, réjouissances publiques obligées, qu'ils regardaient comme une manière de tempérer et une interruption nécessaire aux travaux. Et de grands hommes, m'a-t-on dit, se sont donné chaque mois leurs jours de vacance ; d'autres partageaient chaque journée entre le loisir et les occupations. Par exemple, je me rappelle Asinius Pollion, ce grand orateur ; passé la dixième heure[1], nulle affaire ne l'aurait retenu ; il n'ouvrait plus même

_____

1. À peu près 16 heures pour nous…

ses lettres, crainte d'y trouver matière à de nouveaux tracas, et prenait deux heures pour se remettre des fatigues de tout le jour. D'autres dételaient au milieu de la journée et reportaient sur l'après-midi les affaires de moindre embarras. Nos pères ne voulaient point qu'après la dixième heure on fit de nouveaux rapports au Sénat. À la guerre, le service de nuit est alternatif; et à qui revient d'expédition est offert sa nuit de libre.

8. Ménageons nos forces intellectuelles et donnons-leur par intervalles un repos qui soit pour elles un aliment réparateur. La promenade dans les lieux découverts, sous un ciel libre et au grand air, récrée et retrempe nos facultés. Souvent un voyage en litière, un simple changement de contrée donnent au moral une vigueur nouvelle, comme ferait encore un repas d'amis, un peu plus de vin que de coutume. Parfois même on peut aller jusqu'à l'ivresse, non pour s'y plonger, mais pour y noyer ses ennuis. Car elle les enlève, elle remue l'âme dans ses profondeurs, et entre autres affections chasse la mélancolie. On appelle Liber l'inventeur du vin[1], non parce qu'il provoque la licence des paroles, mais parce qu'il délivre l'âme des soucis qui la tyrannisent, parce qu'il lui donne plus d'assurance, de vigueur et d'audace à tout entreprendre.

---

1. Liber est souvent confondu avec Bacchus.

9. Mais le vin, comme la liberté, n'est salutaire que pris avec mesure. On croit que Solon et Arcésilaus aimaient à boire ; on a reproché à Caton l'ivrognerie : on arriverait plutôt à rendre ce reproche honorable qu'à ravaler Caton. Mais que le remède ne soit pas trop fréquent : il pourrait tourner en habitude dangereuse ; seulement, à certains jours, convions notre âme à une gaieté franche et libre, et faisons quelque trêve à l'austère sobriété.

10. En effet, si nous en croyons un poète grec : « Il est doux par moments de perdre la tête. » « Vainement il frappe au temple des Muses, l'homme qui est maître de lui », dit Platon[1] ; et Aristote : « Point de grand génie sans un grain de folie[2]. »

11. L'imagination ne peut s'élever au grandiose et à la majesté du langage, si elle n'est fortement émue. C'est en dédaignant les pensées vulgaires et de tous les jours, c'est quand le souffle sacré l'exalte et la transporte, c'est alors qu'elle fait entendre des accents plus qu'humains. Elle ne peut atteindre à rien de sublime, à aucune œuvre ardue, tant qu'elle demeure en son assiette. Il faut qu'elle s'écarte de la voie commune, que toute à son élan et mordant son frein, elle

---

1. *Cf.* Platon, *Phèdre* (245 a). Également, un dialogue de Platon consacré à cette question : *Ion.*
2. *Cf.* Aristote, *Problèmes* (30, I, 953 a 9) ; c'est un texte apocryphe qui théorise le génie comme mélancolie.

entraîne son guide et le porte où il eût à lui seul désespéré de monter.

12. Je t'ai montré, cher Sérénus, les moyens de
conserver à l'âme sa tranquillité, de la lui rendre, de
résister à la subtile contagion des vices. Sache bien toutefois qu'aucun de ces moyens n'est assez puissant
pour préserver ce fragile trésor, si une active et continuelle vigilance n'entoure notre âme toujours prête à
faillir.

Un peu de sérénité pour Sérénus

Lorsque Sénèque rédige son traité de *La Tranquillité de l'âme*[1], c'est un homme au sommet de sa carrière : alors principal conseiller de Néron, il se donne pour mission de moraliser l'Empire et l'empereur, s'illustre en se distinguant des courtisans par sa fermeté et son incorruptibilité affichée. Le dédicataire du traité – il est aussi celui de *La Constance du sage* – est un jeune provincial venu d'Espagne, du nom d'Annæus Sérénus[2], parent de Sénèque.

On imagine aisément le fossé considérable qui existait alors entre la vie trépidante et déséquilibrée de la cour de l'empereur et la douceur de la vie provinciale. Loin des fastes et au regard des intrigues de la capitale romaine, l'Espagne faisait figure de colonie tranquille et retirée. Précisément, cette tranquillité fait défaut au jeune Sérénus, qui vient à Rome faire carrière en politique. Confronté à la vie de la cour impériale, Sérénus subit un choc psychologique considérable ; alors qu'il n'est pas encore entré dans la carrière, il semble regretter la sérénité de sa colonie espagnole.

Sénèque, qui avait entrepris son éducation philosophique, tandis que le jeune homme était plutôt enclin à l'épicurisme[3], se trouve dans la position de directeur de conscience. En tant qu'interlocuteur privilégié de Sérénus, il est considéré par son jeune protégé et disciple bien-aimé comme un véritable médecin de son âme. Devant sa mélancolie, conséquence du choc culturel qu'il a vécu, Sénèque entreprend de le soutenir par la rédaction d'un traité qu'il veut au départ proprement thérapeutique.

Quels sont les symptômes du mal, de la dépression qui ronge Sérénus ? Il convient de pratiquer un examen approfondi afin d'établir un diagnostic. Le désir de s'insérer, de s'engager dans la vie publique a abandonné Sérénus : l'*impetus*, ce mouvement premier de l'âme, l'énergie spirituelle qui entretient une tension intérieure, un élan vital, fait défaut au disciple de Sénèque. La preuve : il est sans cesse dans l'hésitation, l'irrésolution ; il ne sait quel genre de vie choisir. Sera-t-il homme d'action ou contemplatif ? Entrer dans l'arène politique, comme l'y invitent les maximes stoïciennes, c'est prendre le risque de s'accoutumer au vice, voire d'y trouver un certain plaisir. Faut-il pour autant viser une retraite totale ? L'oisiveté, quand elle est repli complet dans la solitude, est, elle aussi, mère du vice (la paresse). L'irrésolution (*dubitatio*) de l'âme déchirée de Sérénus est telle qu'elle produit en lui le malaise. Ce trouble est non seulement psychologique (la tentation du nihilisme est forte) mais aussi somatique : le recours à la métaphore maritime, l'allusion au mal de mer montrent que Sérénus a la nausée ; son dégoût le paralyse. Malade, il est en quête d'une cure : il exhorte son «psychothérapeute », son médecin de l'âme, son directeur de conscience, à mettre fin à ses maux.

Sénèque ne reste pas insensible à la détresse de son patient. Il a bien conscience que le «régime » stoïcien, administré à Sérénus depuis son arrivée à Rome, connaît des limites, voire des ratés. Qui, d'ailleurs, pourrait être absolument, complètement stoïcien ? Certainement pas Sénèque, et c'est sans doute ce qui le rend si proche de nous et si attachant. On n'est donc pas étonné de constater l'hétérodoxie de la médication du « psychothérapeute », lequel va convoquer, outre les remèdes stoïciens traditionnels, d'autres soins de l'âme ; il va en effet s'agir de ne pas être totalement indifférent à la pratique de la vie sociale, à l'épreuve du réel. C'est à cet égard que Sénèque n'hésite pas à user des maximes de Démocrite, père de l'atomisme antique, et inspirateur de la philosophie épicurienne, secte concurrente du stoïcisme et très influente en ce début de l'ère chrétienne en Italie.

Qu'oppose le stoïcisme au trouble dont souffre Sérénus ? Il convient de conquérir son autonomie personnelle, de revendiquer sa propriété sur soi-même, de parvenir à un détachement vis-à-vis des émotions et des passions, qui font de nous les esclaves de l'extériorité et créent un état de passivité, donc la douleur. C'est l'invulnérabilité que l'on doit viser. L'équilibre intérieur permet de s'assumer soi-même. Comment y parvenir ? En pratiquant l'exercice spirituel, l'*askèsis*, on retrouvera cette tension initiale de l'âme, le goût d'une vie alors sereine et tranquille.

La tranquillité de l'âme est équilibre, « bonne assiette », juste mesure. Or, l'âme est naturellement agitée (*agilis*), prédisposée au mouvement[4], d'où l'irrésolution de Sérénus. La forcera-t-on à l'immobilisme ? Ce serait commettre la même erreur que de la suivre dans toutes ses errances, ses trépidations, causes de sa frustration et de son insatisfaction fondamentales. À la spontanéité de l'âme en mouvement, il convient d'associer une direction rationnelle : commençons par nous détourner des choses auxquelles nous n'adhérons pas vraiment, la nausée devrait passer… Pascal n'oubliera pas la leçon de Sénèque dans ses célèbres analyses du « divertissement », pas plus que ne le fera Montaigne, d'ailleurs.

Désignant la dépression, on parle souvent aujourd'hui de « mal du siècle ». Sénèque nous montre qu'elle est peut-être celui de la condition humaine. Le temps libre, l'oisiveté vont-ils permettre à l'homme de s'épanouir, de réaliser ses potentialités ? L'inactivité comporte le risque de consumer un cœur solitaire, d'appauvrir une âme naturellement encline à l'action parce qu'elle ne peut s'y employer[5]. Toutefois, la frustration se rencontre également au cœur même de l'activité, au sein de la foule, et Sérénus l'illustre bien. Bien plus qu'un choix radical de genre de vie – il ne s'agira d'être ni absolument contemplatif ni complètement engagé dans la vie politique –, Sénèque propose une morale du compromis de l'alternance : elle seule ne saurait frustrer une âme irrésolue. Il faut alterner la solitude et le monde, être provincial et citoyen de Rome pour ainsi dire. Tout est alors affaire de dosage, d'une pharmacopée appropriée.

La condition humaine est misérable, c'est sans doute la raison pour laquelle il faut la bien connaître : elle est inconséquente, notamment en ceci qu'elle perd un temps précieux, gaspille vainement l'existence. S'il ne faut pas l'ignorer, il ne faut pas s'en plaindre non plus. Les gémissements répétés entretiennent la pathologie de l'âme et empêchent le retour à l'équilibre et à la tranquillité. Sérénus est invité à vivre en sachant qu'il vit. Méditer sur cette vie, c'est donc également méditer sur sa finitude : penser la mort est un remède à la mélancolie. Aussi paradoxal que cela puisse être, la méditation de la mort renvoie inévitablement au présent et à la nécessité de l'investir pleinement au plus vite : il faut vivre chaque seconde comme si elle pouvait être la dernière. Alors, la crainte de mourir s'estompe, l'accomplissement spirituel débute, le malaise disparaît, le goût de la vie revient.

La guérison totale est-elle pour autant acquise à celui qui pratique un tel « régime » ? S'interroger de la sorte revient sans doute à se demander si la sagesse totale est à portée d'homme, ce qu'elle n'est pas, et ce même pour les stoïciens. De même qu'un psychanalyste moderne, le thérapeute stoïcien ne saurait donc garantir l'infaillibilité de son ordonnance. «Au malaise de Sérénus, la seule réponse véridique que pourrait faire Sénèque est que personne n'a jamais atteint le port et que la traversée n'est littéralement pas terminable »[6], a écrit Paul Veyne avec raison. C'est aussi cela connaître en vérité la condition humaine : la sagesse, la paix, la tranquillité de l'âme, l'euthymie sont autant d'idéaux inaccessibles que rien ne nous empêche cependant de viser, de prendre pour repères, car après tout on a beau être né pour la mort, l'avoir compris et accepté, il faut bien vivre, il faut continuer de vivre. C'est sans doute la leçon ultime et honnête de ce traité.

CYRIL MORANA

Notes
1. Ce traité est très probablement rédigé entre 55 et 58 après J.-C.
2. La carrière politique de Sérénus, solidement épaulée par Sénèque, le mènera jusqu'à la préfecture des vigiles (les pompiers d'alors), qu'il dirigera. Il mourra empoisonné par un plat de champignons.
3. Tentation épicurienne qu'il partage avec l'autre célèbre disciple de Sénèque : Lucilius.
4. C'est une idée tout aussi aristotélicienne que stoïcienne.
5. *Cf.* Sénèque, *La Tranquillité de l'âme* (II, 10).
6. *Cf.* Paul Veyne, «La médication interminable» in Sénèque, *De la tranquillité de l'âme*, Rivages poches, 1988 (p. 26).

Vie de Sénèque

Sénèque est né à Cordoue, en Espagne, très probablement au début de notre ère. Il va connaître un destin des plus exceptionnels et vivre aux côtés de personnages de légende (il vit sous le règne des cinq premiers Césars), avant de devenir lui-même l'un des philosophes les plus lus de l'histoire de la philosophie.

Très jeune, son père, un célèbre rhéteur, l'amène à Rome afin de lui faire suivre une formation en rhétorique et en philosophie. Après avoir goûté un temps au pythagorisme, il adhère à la doctrine stoïcienne. Successivement avocat, questeur puis sénateur, il acquiert la réputation d'être à la fois brillant orateur et grand écrivain. Ses qualités ne vont pas lui attirer que des faveurs : Caligula, jaloux de sa réussite, entreprend en 39 de le faire condamner à mort, condamnation à laquelle il échappe de justesse.

Sous le règne de l'empereur Claude, Sénèque devient un fonctionnaire de la cour impériale. À nouveau, il est la cible d'attaques qui l'obligent à s'exiler en Corse en 41 : une tragédie de palais l'a désigné comme l'amant de Julia Livilla, sœur d'Agrippine. Là-bas, sa curiosité intellectuelle se développe, il se remet à l'étude et écrit une *Consolation à Helvia, sa mère*, dans laquelle il relativise la douleur de l'exil.

Puis on le rappelle à Rome pour le nommer précepteur de Néron, comme auparavant Aristote avait été celui d'Alexandre.

Sénèque commence alors son œuvre philosophique. En 54, Néron devenu empereur fait de Sénèque son conseiller politique personnel ; durant huit ans, l'Empire romain est dirigé par Sénèque et l'un de ses amis préfet, Burrus. On s'accorde à dire que cette gestion de l'Empire a été des plus avisées. Mais, peu à peu, la personnalité de Néron change, son attitude devient de plus en plus imprévisible et inquiétante.

À la mort de Burrus en 62, du fait des manigances de certains intrigants de cour qui dénoncent son attitude prétendument hypocrite, Sénèque, tombé en disgrâce, demande à Néron la permission de se retirer des activités impériales – que celui-ci ne lui accorde pas, car il représente une garantie pour l'opinion sénatoriale et un bien trop précieux aux yeux de Néron. Officiellement en place, Sénèque s'investit toutefois de moins en moins dans la vie politique et se consacre à la rédaction de nombreux ouvrages.

Trois ans durant, Sénèque connaît le calme de la retraite ; mais le 12 avril 65, lorsque est découverte la conjuration de Pison contre Néron, l'un des conjurés rapporte un vague propos du philosophe, favorable à Pison. Sénèque nie avoir rien dit de tel à l'officier de Néron venu lui demander des comptes, mais l'Empereur n'en croit rien : il lui ordonne de mourir. Les circonstances du suicide de Sénèque nous sont connues par un beau texte de Tacite, dans les *Annales* (XV, 62-64) qui décrit la fermeté d'âme et le courage du philosophe qui s'était préparé à la mort. Durant les quelques mois précédant son suicide, Sénèque a rédigé sa correspondance avec Lucilius, son vieil ami.

Repères bibliographiques

Pour l'établissement du texte
l'édition bilingue latin-français, due à René Waltz :
◆ Sénèque, *Dialogues/Consolations*, tome IV,
   Budé-Belles Lettres, 1927.
À consulter également :
◆ *La Tranquillità dell'anima*, édition bilingue latin-italien, édition
   Gianfranco Lotito, Biblioteca Universale Rizzoli, 1997.
Une traduction récente :
◆ *De la providence/La Constance du sage/De la tranquillité de
   l'âme/Du loisir*, traduction de Pierre Miscevic, Garnier-
   Flammarion, 2003.

Autres ouvrages de Sénèque
◆ *Consolation à Helvia, ma mère*, Mille et une nuits, 2003.
◆ *De la brièveté de la vie*, Mille et une nuits, 1993.
◆ *Lettres à Lucilius*, Mille et une nuits, 2002.
◆ *La Vie heureuse*, Mille et une nuits, 1999.

En ce qui concerne le mouvement de pensée dans lequel
Sénèque s'inscrit, et bien plus encore, lire…
◆ Hadot (Pierre), *Qu'est-ce que la philosophie antique ?*, Gallimard,
   Folio-essais n° 280, 1995.

Tout aussi nécessaire…
◆ Laurand (Valéry), *Le Vocabulaire des stoïciens*, Ellipses, 2002.
◆ Lévy (Carlos), *Les Philosophies hellénistiques*,
   Le Livre de Poche, 1997.

◆ Long (Antony) et Sedley (David), *Les Philosophes hellénistiques*,
  tome II, Garnier-Flammarion, 2001.

Sur Sénèque en général

◆ Aubenque (Pierre) et André (Jean-Marie), *Sénèque*,
  Seghers, 1964.
◆ Griffin (Miriam), *Seneca, a Philosopher in Politics*, Clarendon,
  Oxford, 1976.
◆ Hadot (Ilsetraut), *Seneca, und die griechisch-römische Tradition
  der Seelenleitung*, De Gruyter & Co., Berlin, 1969 (un ouvrage
  remarquable mais inaccessible aux non-germanistes).
◆ Veyne (Paul), « Préface » (monumentale) aux *Entretiens/Lettres
  à Lucilius*, Robert Laffont, Bouquins, 1993 (p. VII à CLXXII).
◆ Grimal (Pierre), *Sénèque, la conscience de l'Empire*, Fayard, 1986.

Enfin, pour celui qui souhaite approfondir certains aspects parti-
culiers de la pensée de Sénèque évoqués dans notre dialogue…
◆ Fontanier (Jean-Michel), *Le Vocabulaire latin de la philosophie*,
  Ellipses, 2002.
◆ Gourinat (Jean-Baptiste), *Les Stoïciens et l'Âme*, PUF, 1996.
◆ Grimal (Pierre), « Sénèque et le stoïcisme romain »,
  Aufstieg und Niedergang der römischen Welt, vol. XXXVII,
  3 (pp. 1962-1992).
◆ Pittet (Armand), *Vocabulaire philosophique de Sénèque*,
  Paris, 1937.
◆ Thevenaz (Pierre), « L'intériorité chez Sénèque »,
  in Mélanges offerts à M. Niedermann, Neuchâtel, 1944
  (pp. 189-194).
◆ Veyne (Paul), « La médication interminable », préface à
  l'édition du traité *De la tranquillité de l'âme* de Sénèque,
  traduction Colette Lazam, Rivages poches, 1988.
◆ Voelke (André-Jean), *L'Idée de volonté dans le stoïcisme*,
  Vrin, 1973 ; *La Philosophie comme thérapie de l'âme*, Cerf, 1993.

Mille et une nuits propose des chefs-d'œuvre pour le temps
d'une attente, d'un voyage, d'une insomnie…

La Petite Collection (extrait du catalogue) 386. COLETTE,
La Chambre éclairée. 387. CICÉRON, *La Philosophie d'Épicure.* 388.
CONDORCET, *Mémoire sur l'instruction publique.* 389. Eugène
DELACROIX, *Anthologie du Journal.* 390. Vivant DENON, *Point
de lendemain.* 391. Jean de LÉRY, *Les Indiens du Brésil.* 392. Guy
de MAUPASSANT, *La Chevelure et autres histoires de fous.* 393. Michel
de MONTAIGNE, *De l'institution des enfants.* 394. PLATON, *Charmide.*
395. Paul SCARRON, *La Précaution inutile.* 396. Jean-Jacques
ROUSSEAU, *Lettres morales.* 397. ALAIN, *Propos impertinents (1906-
1911).* 398. Jeremy BENTHAM, *Panoptique.* 399. Gustave FLAUBERT,
Cinq Lettres d'Égypte. 400. Frédéric ROUX, *Fils de Sultan.*
401. SÉNÈQUE, *Consolation à Helvia, ma mère.* 402. Jacques
CAZOTTE, *Le Diable amoureux.* 403. Alphonse ALLAIS, *Alphonse
Allais de la mer.* 404. Théodore de BANVILLE, *Le Génie des Pari-
siennes.* 405. Frédéric H. FAJARDIE, *L'Homme de Berlin.* 406. Joseph
Sheridan LE FANU, *Comment ma cousine a été assassinée.* 407. Jean
LORRAIN, *Contes d'un buveur d'éther.* 408. Alexis de TOCQUEVILLE,
Seconde Lettre sur l'Algérie. 409. Aloysius BERTRAND, *Gaspard de
la nuit.* 410. Julia BENECH, *La Fille éparpillée.* 411. Ralph Waldo
EMERSON, *Platon, ou le Philosophe.* 412. Frederick DOUGLASS, *Mon
Éducation.* 413. Khalil GIBRAN, *Les Dieux de la terre.* 414. Georges
DUHAMEL, *Scènes de la vie future.* 415. Jean MALAURIE, *L'Allée des
baleines.* 416. Olympe de GOUGES, *Déclaration des droits de la femme
et de la citoyenne.* 417. Restif de la BRETONNE, *Le Pornographe ou la
prostitution réformée.* 418. Henry David THOREAU, *De la marche.*
419. OULIPO, *Maudits.* 420. NAPOLÉON, *Comment faire la guerre.*
421. Paul VERLAINE, *Mes prisons.* 422. Paul VERLAINE, *Mes hôpitaux.*
423. SADE POLÉMISTE, *Idées sur les romans et sur le mode de la sanction
des lois.* 424. Franz KAFKA, *Lettre au père.* 425. Désiré NISARD, *Contre
la littérature facile.* 426. Emmanuel KANT et Benjamin CONSTANT,
Le Droit de mentir. 427. Théophile GAUTIER, *La Mille et deuxième
nuit.* 428. Octave MIRBEAU, *Sac au dos.* 429. SÉNÈQUE,
De la tranquilité de l'âme.

Pour chaque titre, le texte intégral, une postface,
la vie de l'auteur et une bibliographie.

49.40.4881.6/04
Dépôt légal : juillet 2008
Achevé d'imprimer en juillet 2008,
par Liberduplex (Espagne)